CUTOLO

Dietro ogni fortuna c'è un crimine

Giancarlo Candiano Tricasi

Copyright © 2021 Giancarlo Candiano Tricasi

Tutti i diritti riservati.

Codice ISBN: **9798753480491**

"I miei fiori preferiti sono le orchidee, ma sovente amo mandare crisantemi"

Raffaele Cutolo

Già nel 1901, Enrico ferri descrisse l'evento criminale in Italia in modo da lasciar chiare le suddivisioni tra settentrione e meridione. Lui affermava che nell'Italia settentrionale erano presenti degli eventi criminali isolati mentre nel meridione il fenomeno era epidemico. Questo pensiero veniva considerato già a inizio secolo ma devo ammettere che con gli anni si è osservata una mutazione del genere. La criminalità organizzata meridionale o meglio parliamo di *camorra, ndrangheta, cosa nostra* e in alcuni casi di *sacra corona unita*, sono pian piano riusciti a infiltrarsi nel territorio settentrionale del nostro paese rompendo il pregiudizio scontato che la mafia è puramente *made in sud*.

La nuova camorra organizzata non si può considerare solo una mastodontica organizzazione criminale, bensì una nuova forma di vedere la criminalità. Fu una visione che Raffaele Cutolo, suo creatore, ebbe sulle basi di alcuni suoi ideali ispirati da varie suggestioni al periodo borbonico unito a violenza e astuzia dell'epoca più recente.

Ho personalmente deciso di interpellare il Prof. Carmine Cimmino, esperto in materia storica vesuviana, che ci ha chiarito i punti salienti della nascita e crescita storica della camorra del 1800. I cenni storici del quale si è occupato il Prof. Cimmino ci aiuteranno a capire le basi della camorra dei tempi d'oggi.

CENNI STORICI

Nel 1863 il primo censimento dell'Italia unita attesta che Ottaviano è, con 18.500 abitanti, il Comune più popolato della provincia di Napoli, dopo il capoluogo, ovviamente, e dopo Castellammare di Stabia, che ha mille abitanti in più. Ottaviano occupa questa posizione fino al 1893, quando le "frazioni" di San Giuseppe e di Terzigno diventano Comuni autonomi. Ottaviano è uno dei pochi Comuni dell'Italia meridionale governati da una sola famiglia feudale. A metà del '500 Bernardetto e Giulia Medici, che appartengono a un ramo collaterale dei Medici fiorentini, comprano il feudo di Ottaviano, e la famiglia lo amministra, con il sistema feudale, fino alle leggi promulgate da Murat e, di fatto, fino al 1894, anno in cui il ramo principale dei Medici di Ottaviano si estingue. Appartiene a questa famiglia Luigi de' Medici, il quale rappresenta i Borbone al Congresso di Vienna e "compra" il loro ritorno sul trono di Napoli, versando un milione di ducati a Metternich e un milione a Talleyrand. Dal 1820 al 1830 Luigi de' Medici è Primo Ministro del Regno di Napoli. Il pronipote, Giuseppe IV Medici, principe di Ottaviano, è l'ultimo Intendente (Prefetto) borbonico della Provincia di Napoli. La famiglia controlla la politica e l'economia di Ottaviano e del Vesuviano interno, attraverso alcuni nuclei famigliari, tra loro legati da vincoli matrimoniali e da interessi commerciali. Questo sistema fa in modo che per tutto l'"800 Ottaviano sia, nel Vesuviano interno, il centro più importante per la produzione di vino, per la costruzione delle botti, per il mercato delle travi dei "cerri", delle querce a fusto diritto, fondamentali nella costruzione delle navi, delle barche e nell'edilizia, sia pubblica che privata. Grazie alla protezione dei Medici, alcune famiglie della "frazione" San Giuseppe controllano le relazioni tra i mercanti vesuviani e i produttori del grano pugliese e, a partire dal 1845, investono cospicui capitali in mulini e pastifici. A Ottaviano si incrociano le strade che portano dal Vesuviano alla pianura di Nola e di Sarno e la strada dello Sperone, che costeggiando dall'interno il Vesuvio e il Monte Somma, collegando Napoli e i porti di Castellammare e di Torre Annunziata, una delle capitali della produzione della pasta. Questo complesso territorio è attraversato, ogni giorno, e in ogni direzione, da centinaia di carri che trasportano merci: nel luglio del 1877 il Sottoprefetto del Circondario di Nola comunica ancora una volta al Prefetto di Caserta (Nola fa parte della provincia di Terra di Lavoro) che "*per quel che concerne l'ordine pubblico*" il vero problema è costituito dal gran numero di "*grassazioni*" compiute da bande armate, anche in pieno giorno, ai danni delle "*carovane di carri*". Sono numerosi anche "*omicidi e ferimenti*" che il Sottoprefetto attribuisce "*a risse, o per causa di donne o nella ebbrezza del vino*".

"*Le ripeto, in una parola, che in questo Circondario l'unica politica è il privato interesse e in questo solo ciascun cittadino si occupa senza minimamente pensare ad altro ed aborrendo tutto ciò che possa anche nella minima proporzione arrecar loro qualche danno pecuniario.*"

Non la pensano così alcuni sindaci del Nolano e del Vesuviano che proprio in quei mesi trasmettono alle "*autorità competenti*" i "*sensi*" dei "*lamenti e delle proteste*" di bottegai e mercanti, danneggiati dal contrabbando, "*di giorno in giorno più vasto, di ogni genere di mercanzia, dalle carni ai frutti, ai tessuti in seta*".

Ovviamente, ogni paese aveva i suoi "*carrettieri, calessieri, tranieri e carresi*", ma a Ottaviano il numero degli abitanti, l'intensità dei traffici e la complessità dell'economia fecero sì che l'elenco di coloro che ufficialmente svolgevano questa attività avesse una lunghezza che nessun altro Comune del Vesuviano riusciva a eguagliare. Nel 1886 la lista depositata agli atti presso la Sottointendenza di Castellammare comprendeva 197 "*esercenti il mestiere*", 86 del Centro Abitato, 65 di San Giuseppe, 46 di Terzigno: mancavano i nomi – almeno una settantina – di coloro che, per sfuggire al fisco o per le "macchie" sul certificato penale, svolgevano l'attività senza la "patente" ufficiale. Per comprendere la complessità del sistema economico che ruotava intorno ai servizi di trasporto, ricordiamo che nel 1886 vennero censiti a Ottaviano 406 cavalli, di cui 89 da "diporto", 378 asini, 167 muli e bardotti. Sono numeri ingannevoli, per difetto: sui quadrupedi da "diporto" e da "trasporto" i governi dell'Italia unita imposero il carico gravoso dei tributi: il che spinse i proprietari a essere poco sinceri nelle dichiarazioni di proprietà. Fino agli anni '50 del XX sec. a Ottaviano, durante la festa del Santo Patrono San Michele Arcangelo, si tenne una fiera di animali, la quale fu a lungo tra le più importanti del Sud Italia. Nel 1922 Vincenzo Tropeano, veterinario ispettore della fiera, comunicò al sindaco di aver esaminato, "*distribuiti nelle traverse laterali alla via Provinciale*", e cioè tra la Chiesa di San Lorenzo e il rione Maveta, "*1800 cavalli, 700 muli e bardotti, 900 asini, e in più 300 animali attaccati ai veicoli*".

IL VIVERE VIOLENTO

La parola "camorra" comparve per la prima volta in un documento pubblico del Comune di Ottaviano nell'ottobre del 1845, quando riprese violentissima la guerra, che già si combatteva da decenni, contro la "*camorra dei bottari*", diventata intollerabile nei di Ottaviano, Somma, Boscotrecase, in cui la produzione e il commercio del vino erano le attività dominanti. L'unico prodotto che offre il Comune – scriveva all'Intendente il Sindaco di Ottaviano Carlo Saverio Bifulco, nell'autunno del 1845 – è il vino. Di là la sussistenza delle famiglie, i mezzi ai braccianti per occupare le loro persone, il pagamento delle contribuzioni dello Stato e dei pesi civici, la esistenza morale di 20000 persone: tutto insomma da quell'unica fonte si riflette. Il suolo improduttivo di altro per la qualità dei suoi terreni vulcanici, la lontananza di una marina, la mancanza positiva di acque correnti animatrici di fabbriche e di stabilimenti di industria procurano un languore manifesto alla vita attiva di questo pubblico che rivolge tutte le sue cure al vino. ". Era intollerabile, concludeva il sindaco, vedere che gli uomini "scientemente gravavano" per i loro interessi una "risorsa" già esposta alle eruzioni del Vesuvio. La costruzione "del bottame" era ridotta a una privativa di fatto: pochi costruttori" somministrano a forzato credito le botti", a un prezzo doppio del loro valore: i contadini non possono ribellarsi, perché i bottai sono anche sensali del vino e dunque controllano di fatto l'economia del territorio. I cinque bottai di Ottaviano, a detta del sindaco, erano i veri padroni del paese:" guai a coloro che osano lagnarsene". Non c'era" galantuomo" che non avesse" deferenti riguardi per questa classe anche in pregiudizio per il giusto e per l'onesto." Nella società del

Vesuviano interno, alle porte della capitale, non c'è, fino al 1870, una borghesia moderna, non c'è coscienza della modernità, non c'è opinione pubblica. Il potere locale è, ed è percepito, come un sistema di illegalità che funziona ininterrottamente e pervade con la sua violenza, - la violenza impalpabile delle norme *ad usum* e la violenza visibile del sangue -, ogni spazio pubblico e privato. I gruppi di potere che muovono a piacimento la giostra degli appalti, dei servizi, dei dazi, delle appropriazioni di suolo pubblico, ora nascondono le loro trame dietro la legalità apparente, garantita dalle carte, dall' ignoranza degli altri, dal fatto che i controllati sono anche controllori, di un circuito solido e così inattaccabile che i suoi bastioni resistono ancora oggi; ora, invece, tolgono ogni velo alle trame del malaffare, mostrano tutta intera la quantità dei ducati e delle lire che il potere corrotto porta nelle loro casse. Queste esibizioni procurano piacere – è il piacere dell'arroganza, a cui le caste di ogni tempo non possono rinunciare, anche a costo di tradire i principi della riservatezza e della sobrietà -, e generano negli altri quella paura che fa da solida base a ogni sistema di potere che voglia essere illegale. I galantuomini non hanno rispetto delle donne della classe infima, e gli archivi della polizia sono pieni di anonime che descrivono gli stupri e i ricatti dei potenti. I sindaci mettono le mani sui soldi degli Istituti di beneficenza destinati ai maritaggi delle donzelle povere. Una donna di Sant'Anastasia, il cui nome era stato estratto dalla bussola nel sorteggio del 1851, aspettava ancora, nel 1859, i 14 ducati del maritaggio; una sua concittadina, compagna di sventura, raccontò all'Intendente che il Sindaco Chianese prima aveva chiesto per sé 13 dei 14 ducati del maritaggio, poi, irritato dal rifiuto della donna, l'aveva per anni sfiancata con la tortura delle carte, dei rinvii, delle eccezioni, e con la spesa di carrozzelle ed altro. E così il matrimonio stesso rischiava di fallire, perché il marito aveva sposato l'infelice donzella con la speme del maritaggio, onde farsi un letticciolo e le lenzuola: e invece la coppia dormiva ancora sulla nuda terra. I galantuomini vesuviani sanno, all'occorrenza, usare anche la violenza diretta e chiara dei bastoni e delle pistole. Luigi Gionti, notaio di Terzigno, membro di una delle famiglie più importanti del territorio, nel 1840 venne accusato non solo di aver falsificato un testamento da lui rogato, ma anche di aver minacciato con un pugnale una donna. Nicola Cola, comandante della Guardia Nazionale di San Giuseppe durante i sussulti del '48, è accusato di essere troppo tiepido nella caccia al nipote Pasquale Cola, omicida latitante, che si avvia a diventare uno dei capi della camorra vesuviana. Nel marzo di quel fatale 1863- fatale per la rapidità con cui il nuovo ordine assorbì definitivamente valori e forme dell'ordine borbonico- Cesare De Martinis fu inviato a Ottaviano come Regio Delegato Straordinario del Comune. Avendo trovato l'archivio sconvolto e confuso e vedendo che il segretario comunale Alessandro Ammendola nulla faceva per mettere ordine nella confusione, anzi, invitato a fornire i bilanci della Beneficenza, nicchiava, si sottraeva, sgusciava via, lo sospese dal ruolo e dal soldo. Convocati nel novembre i comizi elettorali e andato via il de Martinis, nella seduta inaugurale del nuovo consiglio comunale Luigi D'Ambrosio, dopo aver dichiarato che ai presenti tutti erano noti lo zelo e l'integrità dell'Ammendola e che il disordine e la confusione delle carte dipendevano non da lui, ma dallo sperperamento del passato governo - gli pareva un trascurabile particolare il fatto che l'Ammendola dirigeva la cancelleria dal '59- ne propose il reintegro. E i consiglieri, che erano stati quasi tutti già decurioni borbonici, reintegrarono il segretario: anzi, osservando che giustizia vuole che gli siano pagati tutti i soldi arretrati, li pagarono. Le liste elettorali vennero sistematicamente falsificate dai galantuomini con una ostinazione che né le intimazioni dei Prefetti né i rigori del carcere riuscirono a intaccare. Dei 676 elettori iscritti nelle liste amministrative De Martinis ne aveva depennati 179: avevano subito condanne o erano analfabeti. Nel 1880 la Giunta municipale di Sant' Anastasia dalla lista ufficiale dei 304 elettori ne depennò 51, che negli ultimi 15 anni avevano votato abusivamente: alcuni non avevano il censo previsto dalla legge, altri non avevano domicilio in Sant' Anastasia, molti erano analfabeti. Il potere delle consorterie poggiava sul controllo delle liste e degli archivi comunali: i consorti lo sapevano bene, e anche se si azzannavano con ferocia per questioni di danaro, sulla gestione delle liste e delle carte erano costretti a trovare l'accordo. Nell'ottobre del '64 Michele de' Medici, duca di Miranda e futuro principe, in qualità di assessore delegato dal sindaco assente illustrò al consiglio comunale di Ottaviano i risultati della riorganizzazione dell'archivio, che egli aveva diretto servendosi di impiegati del municipio, con la speranza che nessuno lo accusasse di soverchio municipalismo. I consiglieri osservavano con sospettosa attenzione quell'uomo dallo sguardo di nibbio. Michele descrisse con belle parole il nuovo archivio organato con metodo logico e cronologico, le "teorie" di volumi che sviluppavano, con ordine, tutta la storia del Comune dal secolo XVII fino ai primordi del secolo nostro, in cui ebbero vita le libere istituzioni importate dai Governanti francesi; l'intera collezione delle leggi a partire dal 1806; gli atti della commissione feudale, la dotta opera del giureconsulto Vaselli. Infine il rampollo della famiglia che per quasi tre secoli aveva combattuto con il Comune di Ottaviano battaglie feroci e costose per la proprietà della terra diede ai presenti la notizia che essi tutti aspettavano: anche lui, pur cercando con maggiore zelo che i funzionari borbonici nel '22, nel'38 e nel'45, non era riuscito a trovare la platea delle proprietà comunali né i titoli per compilarla .Proprio a un Medici toccò di dichiarare - immaginiamo che l'abbia dichiarato con manifesta afflizione- che degli atti di divisione del demanio col feudatario, a cui metteva capo tutto il patrimonio del Municipio, c'era soltanto una copia di verbale, informe e non legalizzata. Nessuno più avrebbe potuto ricostruire l'elenco degli enfiteuti e degli evasori del fisco in positivo attrasso. Propose il Duca di Miranda ciò che già era stato proposto venti e trenta anni prima, di istituire una commissione consiliare che intimasse, indagasse, alzasse la voce, e infine si arrendesse: la proposta fu votata all'unanimità tra gli applausi. Parve giusto a Luigi d'Ambrosio, così sagace nel fiutare le variazioni del clima politico, che una tale seduta si concludesse con la lettura pubblica - così ne sarebbe rimasta agli atti eterna memoria- della nota n°5757 del sottoprefetto Serpieri. In essa l'alto funzionario, che il 10 ottobre aveva visitato il Comune, lodava la diligenza e il discernimento con cui s'era riordinato l'Archivio, e soprattutto la concordia degli animi, che pur troppo da qualche tempo mancava e ora era stata conseguita grazie alla gestione comunale, operosa, giusta e soprattutto, imparziale, del Duca di Miranda. Per completare il quadro e dare a tutti i colori il giusto tono - non è facile fissare le gradazioni dell'ironia involontaria che si sprigiona dai fatti della storia- giova ricordare che dopo nemmeno un mese il Vigliani, nel giorno dell'insediamento a Prefetto di Napoli, così scrisse ai sindaci della Provincia:

"Curare la riscossione dei crediti esigibili con il loro reimpiego, la rivendicazione dei terreni usurpati, la conversione dei beni stabili incolti o di poca rendita in capitali più proficui o in rendite dello Stato, sono gli atti che più raccomando alla vostra sollecitudine ed a quella della giunta e dei consigli comunali...Al regolare andamento dell'amministrazione comunale nulla meglio conferisce che il buon ordine nella tenuta dell'Ufficio e dell'Archivio comunale."

Nel 1879 a Sant' Anastasia risultavano ancora indivise 2700 moggia di terreno agricolo, che la legge del 1806 aveva tolto al potere feudale perché venissero assegnati, in lotti, ai contadini indigenti. Il Prefetto, dopo aver premesso che non era il momento di indagare *perché la ripartizione non sia ancora compiuta dopo 70 anni,* si disse *compreso del diritto che ha la classe operaia agraria di non essere defraudata in una sua legittima aspettativa* e infine pregò il sindaco di *indicare con esattezza* quali fossero le terre che aspettavano, da 70 anni, di essere divise tra i contadini.

Era un ottimista, il Prefetto.

Nicodemo Bifulco, proprietario di Terzigno, consigliere comunale di Ottaviano, capitano della Guardia Nazionale, venne arrestato, nel '63, con l'accusa di essere un manutengolo del brigante Pilone. Lo salvarono dalla condanna definitiva le indagini che Giuseppe Petrillo, delegato P.S. di Ottaviano, condusse su un altro Bifulco: don Giuseppe, sacerdote, proprietario di un patrimonio di 20000 lire, potente Capo fazione del consiglio comunale, cugino di Nicodemo. Nel dipingerne il ritratto, il delegato, a cui pare che i preti non andassero a genio, non risparmiò il nero di catrame: ne venne fuori la maschera di uno spietato delinquente, pericolosissimo sia alla pubblica che alla privata quiete, un manutengolo di Pilone, che aveva fatto qualche passo ostile contro i briganti solo per pagliare la sua connivenza, che aveva scaricato la sua pistola addosso al brigante Raffaele Armenio Coda per ricordargli di non svelare i comuni tristi segreti. Inoltre, approfittando della bonomia e melensaggine del cugino Nicodemo, il sacerdote non si era accontentato di scrivergli anche le note e le relazioni, facendo più da capitano che da prete: gli aveva insidiato la giovane moglie, mirando, a quanto pare, a sostituirlo in tutto. Ma, toccato nell'onore di marito, il melenso Nicodemo aveva avuto un sussulto di dignità. Giuseppe era stato messo alla porta: e per vendicarsi aveva congegnato la macchinazione delle calunnie contro il capitano. Fu così sicuro il Petrillo della solidità delle sue accuse che propose il sacerdote per il domicilio coatto. Inutilmente. Giuseppe fu, poi, e per molti anni, sindaco di Ottaviano: e poiché è stato uno dei migliori sindaci, la sua figura è veramente il modello compiuto di quel complicato groviglio di paradossi e di contraddizioni che fu la storia delle terre vesuviane.

Dopo l'eruzione devastante del 1872, il Vesuvio rimase attivo fino al 1875: in questi anni il Centro Abitato di Ottaviano e Terzigno subiscono danni notevoli. Vengono distrutti vigneti e "nocelleti", e risultano danneggiati alvei, sentieri e strade: al Vaglio e nella Terra Vecchia crollano case e muri di cinta, e ci sono morti e feriti. Bisogna sistemare, riqualificare, ricostruire. I rappresentanti dei clan famigliari – sei, forse sette – che da tre secoli governano il paese sotto lo sguardo vigile dei Medici incominciano a incontrarsi, a confrontarsi, a spartirsi incarichi e affari: ogni clan famigliare ha il suo architetto, il suo ingegnere e la sua squadra di "fabbricatori" edili. Il "clima" politico è perturbato anche dal tumultuoso dibattito sull'autonomia di San Giuseppe e di Terzigno. Nel giugno del 1878 sono numerosi gli Ottavianesi del Centro Abitato che firmano un lungo "esposto" contro la "camorra" – la parola è ripetuta tre volte – la quale ha messo le mani sull'Amministrazione del Comune: copie dell'"esposto" sono inviate alla Prefettura, alla Sottoprefettura e alla Procura Generale. Pubblichiamo un passo significativo del documento.

"*I cittadini del Comune di Ottaviano espongono alla preclara giustizia di V.E. siccome l'amministrazione del Comune da diciassette anni trovasi nelle mani di predatori che altro non hanno saputo fare che depauperare l'azienda pubblica impinguando le loro borse e così da proletari quali essi erano sono addivenuti ricchi proprietari…A capo di una tale camorra da annoverarsi la famiglia Leone, composta da otto fratelli, pasto della galera, il sindaco (Luigi Casotti) avido a far denari per barattarli a donne e a lusso, il sacerdote Bifulco Giuseppe, il di lui germano Ernesto architetto del Comune ed il loro cognato D' Ambrosio Luigi consigliere provinciale ed hanno così bene organizzato le cose che tutti gli appalti, tutte le costruzioni e tutto altro che si pratica nel paese tutto è distribuito fra essi.*". **Nel 1878** un Luigi Leone *è assessore*, e nel 1877 un Pasquale Leone "*dopo la sospensione di un anno torna ad occupare il ruolo di appaltatore del dazio sui consumi.*".

Ma il sindaco Pasquale De Rosa era andato molto oltre le trame di questi cacciatori di appalti: *"Nel 1850 Pasquale De Rosa, sindaco di Ottaviano fresco di nomina, andò a controllare la regolarità dei lavori eseguiti l'anno prima lungo l'alveo Rosario dall'architetto Pasquale De Rosa, che non era un omonimo, ma era proprio lui: e trovò, ovviamente, che quei lavori erano stati fatti a regola d'arte. Perciò, il sindaco Pasquale De Rosa, avendo letto la relazione del collaudatore Pasquale De Rosa, dispose che la Cassa Comunale liquidasse il compenso all'architetto Pasquale de Rosa. Altro che controversia sulla Trinità: Pasquale De Rosa, uno e trino, avrebbe messo in difficoltà anche i teologi più sottili, anche Origene e Ario."* Lo scrissi in un articolo del 2013.

I moti del '21 dimostrarono che il governo di Murat aveva aperto gli occhi ai più svelti rappresentanti della piccola borghesia e dell'ultima classe, i quali compresero, grazie ai modi e alla sostanza dell'amministrazione francese, che il potere dei galantuomini non era intangibile, e che lo stato della cosa pubblica poteva essere modificato. La svolta reazionaria imposta da Francesco I e confermata da Ferdinando II accese il risentimento sociale nei ceti che venivano ricacciati nell' inferno della povertà e dell'umiliazione. Alla violenza dei potenti e del potere la società degli indigenti rispose con le forme tradizionali della sua violenza, le cui procedure erano state codificate durante il dominio spagnolo: il furto, la grassazione, l'agguato. Se decidessimo di ricostruire la storia vesuviana degli anni 1825 – 1860, gli interminabili elenchi dei ladri occuperebbero gran parte della trattazione. I furti erano il segnale inequivocabile della miseria, e di quel desiderio delle cose che tormenta chi non possiede alcunché: le cose erano la misura concreta del benessere e del ruolo sociale dell'individuo, soprattutto in una società costretta a tenere il danaro sempre a casa, nei cassettini, sotto i materassi, sotto le mattonelle. Nel 1861 un ricco proprietario di Gragnano nascose il suo gruzzolo nel pollaio e non svelò il suo segreto nemmeno sotto i bastoni dei briganti dei Lattari. L'ostessa Maria Notaro descrisse al giudice gli oggetti che i briganti della banda Barone di Sant'Anastasia le avevano portato via con meticolosa precisione e mise sullo stesso piano gli orecchini d'oro, i coltelli da cucina e i ruoti, le pentole. I mercanti di vaccine di San Giuseppe, costretti a recarsi ai mercati di Nola, di Caserta, e della lontana Lucania, portando addosso migliaia di ducati, mettevano a rischio, in ogni viaggio, la vita, e non potevano fidarsi nemmeno delle guardie, che spesso facevano da pali e da picchetto per i grassatori, e talvolta eseguivano direttamente la grassazione. Le risse, le incursioni di gruppi di Sommesi che andavano a sfidare gli Ottavianesi in casa loro, e le gite di risposta degli Ottavianesi, e le imprese analoghe degli abitanti di Palma, di San Gennaro, di Sant' Anastasia e di Casalnuovo, di Volla e di San Sebastiano, erano il segno di una violenza diventata cultura, costume, forma di appartenenza, tumultuosa espressione di invidia sociale, strumento di difesa, mezzo di autoaffermazione. Condividevano questa cultura gli individui e le comunità, e le tracce di questa condivisione sono ancora visibili nei luoghi comuni che la retorica del campanilismo continua a suggerire ai vesuviani quando parlano dei vesuviani di un'altra città.

LA CAMORRA VESUVIANA

Ci fu, già nell' Ottocento, una camorra vesuviana, e non fu un'appendice di quella napoletana. Si articolava su gruppi a base famigliare: e dunque ben strutturati. Questi gruppi non avevano bisogno, per conservarsi compatti, né di riti, né di freni, bastavano, a sufficienza, i vincoli di sangue. I documenti d'archivio sulle società della camorra vesuviana sono più numerosi di quanto si pensi: il loro profilo emerge nitidamente dalle relazioni sulle attività illecite delle Guardie Nazionali che si costituirono nei Comuni all'arrivo di Garibaldi. Tra le Guardie si nascosero, si pagliarono, i camorristi, e le risse che si scatenarono a Ottaviano tra le Guardie del Centro Abitato e quelle della frazione San Giuseppe coinvolsero, per ragioni di camorra, camorristi che indossavano la divisa.

Un capo della camorra vesuviana fu, secondo Marc Monnier, Antonio Ottaviano, un quarantenne di bassa statura, smilzo, scarno, con lo sguardo acuto e fiero da falchetto. Fortissima era la camorra dei facchini. Nell'estate del '50, il Sottointendente di Castellammare, Francesco Coppola dei duchi di Canzano, meritò le lodi di Peccheneda, capo della polizia borbonica, e ottenne dai commercianti l'appellativo poetico di novello Astrea per aver gettato in galera i capi dei facchini camorristi, Luigi Tommasino Canavone e Andrea De Falco Pacchiantiello, che *"avevano stabilito il monopolio per il fitto delle case*". Camorrista "terribile" fu Michele De Simone, di Castellammare, detto 'o *lione*, che, nell'aprile del '61, dopo aver schiaffeggiato in pubblico il barone Dachenausen, sfuggì senza difficoltà alle Guardie Nazionali, tra cui militavano i camorristi della famiglia Spagnuolo, suoi compari. Silvio Spaventa fece la voce grossa con Michele Troiano, energico capo delle Guardie, il quale Troiano si difese accusando i suoi dipendenti di essere o dei vili o dei malandrini: e intanto 'o Lione era fuggito a Napoli, dal suo amico Andrea Maisto il siciliano. Infine fu catturato e deportato a Ponza: ma da qui fuggì quasi subito. Torre Annunziata era, con Sant'Anastasia, uno dei centri del contrabbando di "*salami e salumi*" e Luigi Accardi e Giuseppe Esposito ne controllavano i flussi lungo la via "Regia", da Castellammare a Napoli. Tra il '60 e il '61 le Guardie nazionali di Portici, San Giovanni a Teduccio, Secondigliano e Pozzuoli furono pesantemente coinvolte nel contrabbando di ogni genere di merce: dai sigari inglesi al sale, dagli "*animali lanuti*" ai liquori. Il polo industriale di San Giovanni a Teduccio favorì il costituirsi di un clan di camorra, che, grazie all'intelligenza criminale di Pasquale Cafiero che si diede una struttura più moderna, diciamo così, dei clan di città. Il gruppo occupava un territorio che faceva da cerniera tra l'economia industriale del Vesuviano costiero e l'economia agricola del Vesuviano interno, e, attraverso la carovana dei facchini e il controllo totale della dogana, del porto e dei mercati prossimi al Ponte della Maddalena, taglieggiava imprenditori e trasportatori, e regolava i flussi del contrabbando. Faceva parte del gruppo di Cafiero Nicola Barracano, di cui l'ispettore di Portici scrisse, nel 1874: "*lo si può trovare alla porta della Grande Dogana, vestito con blusa blu, fingendo di fare il facchino.*" Ma i veri capi del gruppo, insieme a Cafiero, erano Luigi Napoletano, che i carabinieri consideravano Capo società di Barra, Pietro Carpinelli, detto, non a caso, *l' ispettore*, sorvegliante nel deposito degli omnibus di Portici, e Carlo Borrelli, membro, scrisse Marc Monnier, di un lungo parentado di oltre nove individui, stretti insieme con vincoli di sangue, quale domiciliato a Pazzigni, e quale a Sant' Anastasia, e tutti concordi a tenersi bordone delle loro criminose avventure, le quali non sono soltanto di aggirarsi per i contrabbandi e sulle barriere doganali, ma sono ancora di furti, e di ogni specie di grassazioni violente. Il clan famigliare dei

Borrelli e quello degli Scarpati di San Sebastiano fecero da modello, tra il 1858 e il 1875, ai gruppi camorristi del Vesuviano interno, che da quel modello ricavarono suggerimenti per la strategia e la tattica dell'azione criminale. I camorristi Scarpati, per esempio, contribuirono a metter fine all'avventura del brigante Vincenzo Barone, e i camorristi ottavianesi consegnarono ai pugnali della polizia il brigante Antonio Cozzolino Pilone.

La provincia di Napoli non fu inserita tra quelle dichiarate in stato di brigantaggio e quindi sfuggì ai rigori degli articoli 1 e 2 della legge Pica del'63, la quale, consegnando i briganti al braccio di tribunali militari, o di parodie di essi, li destinavano quasi sempre alla pena capitale. Ma anche Napoli subì gli sconquassi provocati dall'art.5 che attribuiva al Governo la facoltà di assegnare per un tempo non maggiore di un anno un domicilio coatto agli oziosi, ai vagabondi, alle persone definite genericamente sospette, a cospiratori veri e anche a quelli solo folkloristici, ai massoni. E nella caccia a una così numerosa selvaggina sovente la polizia dell'Italia liberale seguì le strade già percorse dalla polizia borbonica: quelle dell'iniquità e del ridicolo.

Nelle terre vesuviane la mano della Giunta Provinciale, sotto la guida, talvolta maldestra, spesso sleale e vigliacca, degli amministratori locali, colpì con poca durezza, e quasi sempre alla cieca. A Castellammare furono individuati venti "*oziosi, vagabondi e riconosciuti camorristi*" da inviare al Forte di Ischia, e tra essi tre membri della famiglia Vanacore, accusati di essere, con Gioacchino Boccia, "camorristi del porto", e poi Filippo Scelzo Purpessa, il palermitano Leonardo Valentino, Alfonso Spagnulo amico di De Simone "o' lione", il Capo società Federico Stanzione. Il Sindaco di Boscoreale fece inviare a domicilio coatto i tre fratelli Castaldo "conniventi di malfattori", mentre da Torre Annunziata partirono una decina "di manutengoli e di malfattori", tra i quali spiccavano Luigi De Simone lo Stuppo, il liquorista Carmine Liucci Camelo, e Gaetano Sarcinelli l'Orefice, membro importante del gruppo di camorra che controllava l'acqua del Sarno, fondamentale risorsa del territorio, e non solo per l'irrigazione: nei periodi di siccità anche Ottaviano si riforniva d'acqua alla sorgente del fiume. Otto furono i coatti di Boscotrecase, e di questi due erano classificati come camorristi, Giacomo Paggi e Raffaele Cozzolino lo Incazzatore, otto quelli di

Ottaviano: Achille Ranieri, Luigi Allocca, Michele Ammendola detto il commissario, Saverio De Luca, Aniello Massa, Amodio Giugliano, originario di Saviano, Luigi Annunziata, Pasquale Cola.

La Giunta Provinciale non sentì il bisogno di delineare almeno un abbozzo della società malavitosa e del fenomeno dell'illegalità, prima di scrutinare gli elenchi dei sospetti e di adottare i provvedimenti. Ci furono pochi freni all'arbitrio, il potere dei Sindaci fu eccessivo e gli evidenti contrasti tra autorità civili, Carabinieri e Polizia produssero guasti di ogni genere. Nel giugno del '64 fu chiesto agli amministratori locali di esprimere il loro motivato parere su un'eventuale liberazione dei coatti. La minuta del testo delle osservazioni formulate dal Comune di Ottaviano, nel tormento delle cancellature che si sovrappongono, dei pentimenti radicali, dei periodi abborracciati, rivela non tanto la fatica dello stile, quanto un animo ingombro di risentimento, privo di serenità, pronto a sfruttare l'iniquità della legge per occultare quella della politica locale. Gli amministratori furono spietati con quasi tutti i coatti, dichiarando che erano ladri "e poco vogliosi di lavorare" e perciò, se fossero tornati, avrebbero minacciato più pericolosamente di prima l'ordine e la proprietà privata. Fu risparmiato il capraio De Luca, che aveva ormai 60 anni e non poteva più nuocere: suo figlio "serviva" nell'esercito, e sua moglie" viveva della carità cittadina": erano dunque perfettamente integrati nel sistema. La Giunta Comunale dichiarò che Achille Ranieri, figlio di un "galantuomo", agrimensore, solerte guardia nazionale in " tempi difficili ", era stato vittima "di una privata vendetta", ma non denunciò i persecutori. La nota su Pasquale Cola, lo speziale, fu riscritta tre volte: il favorevole giudizio espresso nella prima stesura si annacquò infine in una prudente litote, e cioè che non si era sfavorevoli al ritorno del Cola poiché nulla si poteva dire, sulla sua condotta, che fosse contrario all'attuale ordine di cose. E l'attuale ordine di cose corrispondeva in tutto all' ordine del passato e sarebbe stato modificato, solo in qualche virgola, dall' ordine futuro.

Prof. Carmine Cimmino

Il 17 Febbraio 2021 muore, nel reparto sanitario del carcere di Parma, il boss Raffaele Cutolo, uno dei massimi esponenti di sempre della camorra e fondatore della nuova camorra organizzata (NCO), portando via con sé parte dei grandi misteri di questo paese. Morto all'età di 79 anni, dei quali oltre 58 trascorsi in carcere, di fatti detiene il "primato" italiano della carcerazione più lunga, decise di portare avanti con fermezza la sua decisione di non pentirsi. Perché se c'era qualcosa che davvero lo distingueva era proprio la sua storia criminale, il suo passato mafioso che non ha mai voluto barattare con qualche anno di libertà.

Certo è che il solo nominare Raffaele Cutolo fa riaffiorare ricordi lontani di quel tempo in cui per strada il suono dei colpi di pistola erano consueto e di una criminalità spietata che ammazzava senza far distinzioni di alcun genere. Cutolo ha marcato indelebilmente la storia della camorra perché ha fatto della pratica criminale una propria ideologia. Sin dall'inizio, volle associare la sua immagine a quella di una sottospecie di Robin Hood, per tutti criminali e famiglie disagiate, che lotta contro le ingiustizie della società per far del bene ai più bisognosi. Ovviamente la sua era una grande menzogna o almeno cercò intelligentemente di vendere la sua immagine in questo modo affinché potesse ottenere il maggior numero di consensi tra la società criminale locale ai fini espansivi. La camorra cutoliana, alla fine, era come tutte le organizzazioni criminali una struttura che mirava sempre al profitto e a sottomettere il territorio al proprio volere e controllo.

* * *

Raffaele Cutolo nasce a Ottaviano, Napoli, il 4 Novembre del 1941, da Michele e Carolina Ambrosio. Il padre, detto *'O monaco* per la sua fervente religiosità, era un contadino, mentre la madre era una lavandaia. Dopo aver conseguito la licenza elementare, svolse numerosi lavori come garzone presso artigiani locali ma da lì a poco la sua predisposizione verso la criminalità venne fuori e cominciò a commettere i primi reati unendosi a una banda locale. Allora però la delinquenza era al quanto povera nell'esecuzione dei reati quindi possiamo attribuire la prima grande svolta della sua vita al 24 febbraio 1963 all'età di 22 anni, quando commise il suo primo omicidio, uccidendo Mario Viscito. Cutolo si costituì e venne condannato per quel reato, per il quale successivamente fu condannato all'ergastolo e incarcerato per la prima volta nel penitenziario di Poggioreale.

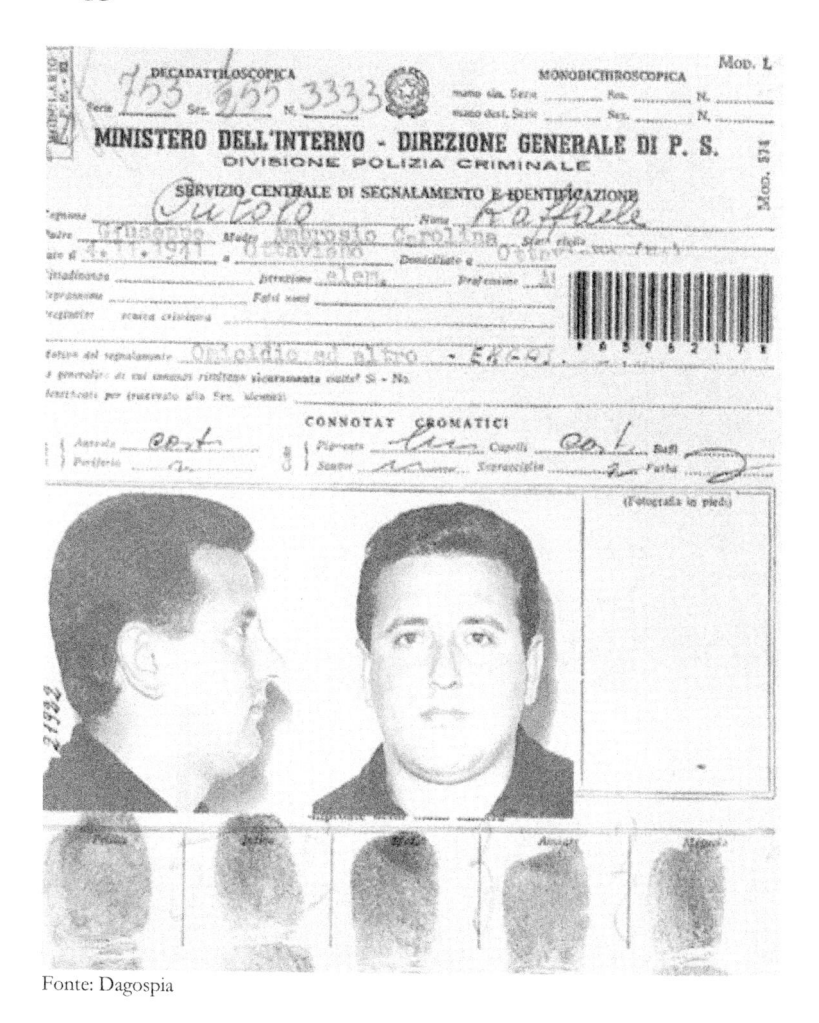

Fonte: Dagospia

A riguardo, la sr.a Anna Viscito, figlia di Mario Viscito, ha rilasciato quest'anno un'intervista al *Corriere del mezzogiorno* che ho ritenuto molto interessante riproporre.

"Avrò avuto 3 o 4 anni, ero piccola così. Mi rivedo con un vestitino nero e un fiocco nero in testa in un'aula di Corte d'Assise; dietro le sbarre c'è Cutolo».

Anna Viscito, figlia di Mario, prima persona assassinata dal boss Raffaele Cutolo il 24 febbraio del 1963.

Anna, la cui vita è stata segnata in modo dolorosissimo da quell'omicidio, ha un solo desiderio:

«*Restituire a mio padre la dignità che gli viene negata di continuo. Non è vero, come ripetono in tanti, che Cutolo gli sparò perché aveva insidiato la sorella. Papà si intromise in una lite per fare da paciere e lui gli sparò».*

Inspiegabilmente, infatti, molte fonti, ma soprattutto il film *Il camorrista*, raccontano una realtà molto diversa da quella accertata e riferita nella sentenza d'appello emessa il 15 novembre 1969 dalla Corte presieduta da Federico Putaturo. Una sentenza di 33 pagine alla quale Anna e la madre Nunzia Moccia, ormai novantenne, si aggrappano come a uno scoglio per non annegare.

La storia è questa: intorno alle 14.30, durante il passeggio, Raffaele Cutolo, ventiduenne «noleggiatore abusivo di auto», a bordo della sua 1100, fece una manovra azzardata e rischiò di investire una giovane donna: Nunzia Arpaia. Lei si arrabbiò e lo chiamò «cretino» e ne nacque una lite, poi divenuta rissa, con il fratello di Nunzia e alcuni suoi amici. Mario Viscito, muratore di 33 anni, si trovava a passare di là assieme al cognato e compagno di lavoro Salvatore Moccia. Si intromise per separare i contendenti ed ebbe la sfortuna di trovarsi di fronte a Cutolo quando questi tirò fuori di tasca una pistola e si mise a sparare; fece fuoco otto volte contro quell'uomo che, raccontò poi ai carabinieri, neppure conosceva. Mario morì durante il trasporto al Loreto Mare. In primo grado Cutolo fu condannato all'ergastolo; ma in appello la condanna venne ridotta a 24 anni per la caduta dell'aggravante dei futili motivi.

«*Papà — ricorda Anna — io non me lo ricordo. Quando morì avevo 17 mesi. Tutti però me lo descrivono come un uomo mite e generoso. Quello che ricordo è il dolore che ci travolse dopo la sua morte e che ci ha poi accompagnato per tutta la vita. Mio fratello maggiore, Antonio, fu mandato in collegio perché mamma non riusciva a occuparsi di tre bambini così piccoli. Fu picchiato e crebbe in solitudine: non si è mai ripreso. Ancora oggi non riesce a manifestare le proprie emozioni. Non sa abbracciare, non sa fare una carezza*».

Gli altri due figli, Gerardo e Anna, furono tirati su con l'aiuto di vari parenti e vissero tra Cava dei Tirreni, la città di cui Mario Viscito era originario, il Vomero e Posillipo, dove abitavano gli zii materni. Non ebbero la possibilità di studiare:

«*In seconda media fui bocciata e mia madre non volle, o non potette, darmi una seconda possibilità quindi rinunciai al sogno di studiare e mi misi a lavorare. Se le chiedevo 100 lire, mi rispondeva che non le aveva e che certo papà non me le avrebbe portate dal cimitero dove si trovava*».

I tre figli di Mario si trovarono di fronte a difficoltà enormi:

«*Pensavo sempre: se papà fosse vivo non staremmo così male. L'ombra di Cutolo era sempre intorno a noi. Mio fratello Antonio, tornato a casa dal collegio, prese l'abitudine di conservare in un salvadanaio le monetine che gli zii gli regalavano. Una volta mamma gli chiese: a che ti servono questi soldi? Lui rispose: quando mi faccio grande compro una pistola per uccidere Cutolo*».

Uno dei ricordi più vivi di Anna è la visita che Cutolo fece a casa sua da latitante, forse dopo l'evasione dal manicomio giudiziario di Aversa:

«*Arrivò in macchina e offrì a mamma tre milioni di lire. Forse si sentiva in colpa, forse sperava di alleggerire la sua posizione... Lei aveva tanto bisogno di soldi, ma gli rispose: il sangue di mio marito non lo vendo*».

Colpisce che Anna sia una buona amica di Immacolata Iacone, l'attuale moglie del boss:

«*Abbiamo quasi la stessa età, siamo cresciute nello stesso paese, è una donna tranquilla. Dell'omicidio di papà abbiamo parlato una volta sola, qualche anno fa. Mi disse: mi dispiace che sia successo proprio a te*»

Fonte : Corriere del mezzogiorno

di Titti Beneduce

20 febbraio 2021

Durante i primi mesi di carcerazione nasce suo figlio Roberto, nome dato proprio in onore di Robin Hood, il bandito che ruba ai ricchi per dare ai poveri, una costante nella filosofia malavitosa di Cutolo. Roberto nacque dalla relazione che Raffaele Cutolo ebbe prima di entrare in carcere con Filomena Liguori. Anch'egli risultò essere abbagliato dall'immagine del padre, che seguì con fedeltà assoluta nel cammino della criminalità finché, all'età di 28 anni, il 20 dicembre del 1991, fu assassinato in provincia di Varese, in un agguato ordinato da Mario Fabbrocino, nemico del padre Raffaele.

* * *

Mario Fabbrocino, quasi coetaneo di Cutolo, proveniva dallo stesso paese, Ottaviano e fu sempre considerato un personaggio di spicco della camorra.

Molto abile nella gestione delle sue finanze, riuscì a diversificare le sue attività in vari settori legali che fecero di lui un vero *business man*. Fu un camorrista molto temuto tranne che da Raffaele Cutolo il quale sicuramente era il suo nemico n.1. Proprio per questo, Cutolo fece uccidere il fratello di Fabbrocino e lo stesso per vendetta trasversale fu dichiarato colpevole, come mandante dell'omicidio di Roberto Cutolo, figlio di Raffaele Cutolo. Fabbrocino usufruì del sostegno che nutriva da parte di Michele Zaza, camorrista affiliato a Cosa Nostra, per creare il proprio gruppo autonomo con

Luigi e Fiore D'avino e i fratelli Russo (anche se dopo qualche anno creò il proprio clan formato da gente di sua totale devozione e fiducia.) Grazie ai suoi contatti con i colletti bianchi riesce a ottenere gli arresti domiciliari dal carcere di Bellizzi Irpino dove si trovava detenuto ma si dà alla latitanza scappando per 10 anni in Sud America, dove venne arrestato nel 1997 a Buenos Aires, Argentina. Una volta estradato, venne rimesso in libertà nel 2004, dopo poco più di 6 anni. L'anno successivo venne nuovamente arrestato a causa della conferma di condanna all'ergastolo per l'omicidio di Roberto Cutolo.

* * *

Cutolo venne rilasciato per decorrenza dei termini della custodia cautelare a Maggio del 1970 ma, dopo quasi solo 1 anno, nel 1971 a causa di una sparatoria venne nuovamente arrestato e condannato a 14 anni di reclusione nonostante i suoi legali riuscirono a ottenere l'infermità mentale e il corrispettivo trasferimento al manicomio criminale di Aversa. È proprio da lì che la Domenica 5 Febbraio 1978 si dà alla fuga in una forma a dir poco spettacolare. I due complici, che lo attendono fuori dal manicomio, realizzano un grande foro sulla parete perimetrale che dà nelle vicinanze della stanza del boss. Inseriscono nel foro del tritolo facendo esplodere la parete e facendo così evadere Cutolo che li aspettava. Questa evasione creò non pochi dubbi agli inquirenti, i quali si resero conto che la stessa mattina dell'evasione fu emesso l'ordine di trasferimento del boss, quindi non credendo a pure casualità, intuirono che ci fossero state delle fughe d'informazioni dall'interno. Indizi poi mutati in prove durante la fase processuale che portarono all'arresto di due agenti della polizia penitenziaria con l'accusa di aver facilitato la sua fuga. Durante il periodo di latitanza, i fratelli Nuvoletta, che si occuparono di nasconderlo, proposero a Salvatore Riina di affiliarlo a Cosa Nostra. Cutolo, ignaro della proposta, rifiutò tassativamente creando non poca attenzione nei suoi riguardi ma anche molti attriti. Infatti, quasi tutti si chiesero come mai non fosse stato eliminato, visto che quell'offerta anche se respinta, aveva esposto i segreti di affiliazione a Cosa Nostra pur non avendo aderito alla proposta affiliativa. Quella fuga marchiò la fine della libertà di Raffaele Cutolo, poiché una volta arrestato, il 15 maggio del 1979, fece ingresso in carcere per non uscirne mai più.

* * *

Se vogliamo parlare degli inizi di Raffaele Cutolo non possiamo che cominciare da un altro personaggio della criminalità locale che lo precesse, Antonio Spavone, del quale fu parcheggiato il protagonismo per dare spazio a quello appunto del futuro *o'professore*.

Antonio Spavone si distinse, a differenza di altri boss, per essere sempre stato poco belligerante e in un certo senso anche apprezzato per questo nonostante si guadagnò il rispetto della criminalità locale commettendo l'omicidio del killer di suo fratello. Ma Spavone divenne famoso per ben altro. Probabilmente fu l'unico criminale ad aver ottenuto la grazia dal presidente della Repubblica per atti di eroismo. Durante l'alluvione del 4 Novembre del 1966, a Firenze, nel carcere delle murate, accaddero degli eventi che avrebbero potuto cambiare la sua vita in meglio. Riuscì a salvare dei reclusi dalle loro celle ma principalmente mise in salvo la figlia del direttore e ostacolò, con l'aiuto di altri due reclusi, la violenza sessuale che alcuni criminali reclusi volevano realizzare su delle donne rimaste bloccate nel centro penitenziario, mettendo a rischio la propria vita. L'anno successivo, a conseguenza della sua attitudine coraggiosa, l'allora Presidente Saragat decise di concedergli la grazia per aver compiuto atti di eroismo. Purtroppo Spavone non approfittò di quella seconda grande opportunità e all'uscire dal carcere si dedicò alla sua espansione criminale attraverso il traffico internazionale di stupefacenti. Perché consideriamo importante la figura di Spavone concatenata a quella di Cutolo? Perché possiamo dire che Spavone diede la possibilità a Cutolo di emergere, di farsi conoscere e rispettare nel sistema carcerario, poiché Cutolo sfidò più volte Spavone, che non accettò mai declassandosi innanzi al futuro boss di Ottaviano e dando lui il rispetto di cui aveva bisogno dagli altri reclusi affinché potesse portare a termine il suo grande progetto della NCO (*nuova camorra organizzata*).

NCO – La nuova camorra organizzata

Possiamo dire che tutta la vita criminale di Raffaele Cutolo si incentri sullo sviluppo di quello che è stato il suo sogno sin dall'inizio: Il creare una grande organizzazione tutta sua retta ovviamente dai suoi ideali e che vedeva lui come massimo esponente, supportato dai suoi fedelissimi. Cutolo analizzò dettagliatamente la gestione clientelare della politica al sud Italia e intuì subito che per contrastare quel potere bisognava costruirne un altro parallelo, con regole diverse ma pur sempre capace di agire efficacemente. Nel 1970 esce dal carcere e riceve una percezione negativa della malavita napoletana che all'epoca era sopraffatta dai marsigliesi e dai siciliani e a conseguenza di questo capì che se l'organizzazione campana voleva smetterla di essere servile ad altre mafie avrebbe dovuto dotarsi di una struttura verticistica unitaria. Per Cutolo, il lungimirante visionario, questo era troppo e quindi sviluppò un progetto al quanto ambizioso, che terminò il 24 ottobre, giorno di San Raffaele, del 1970 creando la NCO (*nuova camorra organizzata*).

* * *

Basandoci sulle dichiarazioni di alcuni collaboratori di giustizia di spessore, Raffaele Cutolo, con altri due fiancheggiatori, poi diventati suoi luogotenenti, si recarono a un incontro con membri di spicco della 'ndrangheta che proposero allo stesso Cutolo di creare una nuova organizzazione criminale con base in Campania, la quale avrebbe un poco sottratto l'egemonia che durante quegli anni era attribuita a Cosa Nostra siciliana o addirittura ai marsigliesi.

Cutolo si trovò a dover sostenere una prova unica, cioè riuscire a creare e gestire una grande organizzazione come poi diventò la NCO, totalmente dal carcere poiché, successivamente a quell'incontro, fu detenuto per l'omicidio Viscito. Essere detenuto nel padiglione Milano del carcere di Poggioreale, in un certo senso contribuì a creare un feeling diverso con i detenuti e le nuove leve affinché le fasi di reclutamento fossero molto più dirette e voluminose. Inverosimilmente è proprio il carcere di Poggioreale che diventò il "quartier generale" della NCO, evidenziando così il totale dominio dei detenuti sulle autorità penitenziarie del momento e lasciando quindi pieno potere agli affiliati della NCO, addirittura il 22 Marzo del 1982, in una cella del padiglione Milano, durante una perquisizione, furono ritrovati alcuni candelotti di dinamite. Molti affermarono che la dinamite sarebbe servita per l'organizzazione di una rivolta che poi fu comunque portata in atto il 26 Marzo del 1982 e fortunatamente sedata con l'intervento delle forze dell'ordine.

I contatti fuori "sistema" con alcuni terroristi, criminali di altre regioni ma detenuti nello stesso carcere e appoggi esterni non fecero altro che far crescere smisuratamente il nome di Cutolo, rendendolo una garanzia.

La scelta dell'acronimo NCO serviva per essere mediaticamente vincenti. Perché all'epoca quasi tutte le organizzazioni politico militari italiane ed estere avevano un acronimo che risultava sinonimo di grandezza. Possiamo dire che i tre punti fondamentali della NCO furono l'assistenza legale gratuita, uno stipendio e un fondo solidare per i detenuti. La NCO era una organizzazione piramidale basata sul culto di una sola personalità e suddivisa in "gradi": Picciotto, Camorrista, Sgarrista, Capozona. Santista era il vertice ed era occupato da una unica e insostituibile figura, quella del boss Raffaele Cutolo, detto anche "Vangelo" oppure O'professore.

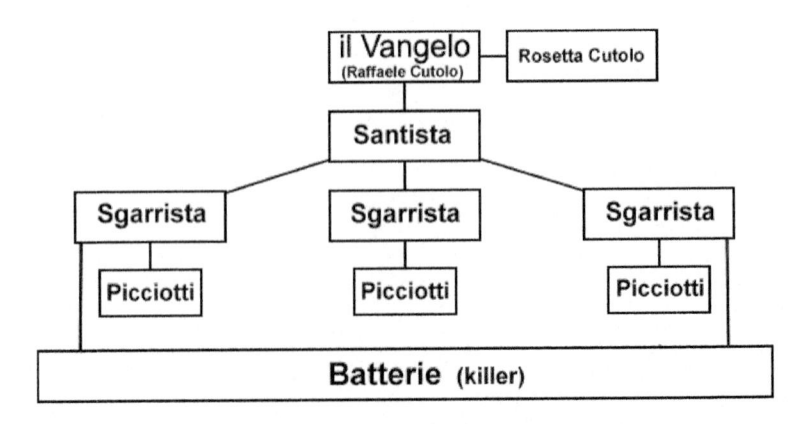

```
                il Vangelo ─── Rosetta Cutolo
              (Raffaele Cutolo)
                    │
                 Santista
      ┌─────────────┼─────────────┐
   Sgarrista     Sgarrista     Sgarrista
      │             │             │
   Picciotti     Picciotti     Picciotti
  ─────────────────────────────────────
              Batterie (killer)
```

La struttura della NCO, come anche il suo rito di affiliazione, furono donati dal boss dell'ndrangheta Paolo De Stefano, amico di Cutolo, che si offrì di appoggiare il progetto NCO di Cutolo in cambio dell'uccisione del suo acerrimo nemico Domenico Tripodo, allora detenuto.

Cutolo ottenne tantissimi consensi specialmente tra i criminali in cerca di una identità e riferimento di appartenenza, criminali del quale Raffaele Cutolo conosce profondamente l'esigenze e necessità. Questa sottospecie di veste da Robin Hood però nascondeva quella di un tiranno che non accettava facilmente un NO per risposta, proponendo l'affiliazione alla NCO tramite giuramento solenne e guerra aperta a tutti quelli che rifiutavano l'offerta diventando suoi nemici. Possiamo sicuramente attribuire a Cutolo la singolarità di essere stato il primo boss di un'organizzazione criminale di tipo mafioso che ha trasformato un luogo di espiazione delle pene e di "recupero" dei rei (il carcere), nella più grande scuola di formazione delinquenziale che si conosca in Occidente e suo centro direzionale del potere.

Grazie a questa ideologia propagandistica, si assicurò

anche solidamente la sua stessa posizione privilegiata nelle patrie galere, dove la sua immagine predominava su tutto e tutti. Le sole mura del carcere gli facevano ricordare che era pur sempre un detenuto ma il suo stile di vita all'interno dei vari penitenziari che lo hanno ospitato non gli faceva mancare molto lo stato di libertà, facendoli ottenere qualsiasi beneficio ritenuto un miracolo per altri detenuti comuni. Tutto questo finche' non si decise il suo trasferimento al carcere dell'Asinara. Dove la sua vita carceraria cambiò completamente. Ciò nonostante Cutolo non ha mai abbandonato la sua ideologia che ha sempre evidenziato un profilo criminale narcisistico e lucidamente psicopatico, che non prova alcun rimorso nel compiere atrocità affinché si raggiunga il proprio fine e le sue espressioni furono una dimostrazione tangibile.

"Il vero capo deve essere il cuore e la mente di tutti i suoi amici. Deve essere saggio ma senza arroganza, un vero capo si deve fare amare dal popolo. Nessuno dovrebbe alzare un dito contro il capo perché l'organizzazione l'ha creata lui, con il sangue e con i cadaveri. Un cemento che neppure la legge è riuscita a incrinare. Deve essere sempre lui il più forte, più della stessa legge la quale

non deve mai riuscire a provare niente contro di lui. L'ideale di vita di un camorrista deve essere l'umiltà, la saggezza e l'equilibrio e deve sempre essere capace di dominare i propri pensieri, usando falsa politica con i nemici e sincera politica con i nemici"

Le dichiarazioni di Cutolo hanno sempre lasciato intendere che i camorristi non hanno un profilo diverso dagli imprenditori, i giudici o i politici stessi. Secondo lui sono uniti tutti da un unico fine: il potere e l'amore al Dio denaro. A differenza dagli altri, i camorristi, essendo nati in situazioni socialmente sfavorevoli o a volte economicamente disagiate, erano ritenuti più sventurati perché erano sempre in prima linea fronteggiando l'offensiva nemica.

"Non si è nessuno nel mondo criminale se non si entra nel campo delle imprese legali e se non si obbliga chi dalle istituzioni dovrebbe combatterti a fornirsi dei tuoi servizi. Bisogna aver sempre pronto un esercito criminale di riserva con grande voglia di riscatto sociale attraverso la violenza."

Classica ma ancor efficace retorica seduttiva che faceva proseliti e che oggi viene ribadita da chi ancora considera

Cutolo il più importante e influente boss della camorra contemporanea. Le basi della NCO furono ovviamente fondate su pochi camorristi di spicco come Pasquale barra, Vincenzo Alfieri, Antonino Cuomo, Raffaele Catapano, Giuseppe Serra, Carlo Biino, Michele Iafulli e Pasquale D'amico. Tutti loro erano uomini di fiducia di Cutolo. La fase di reclutamento avveniva inizialmente nel carcere di Poggioreale tramite rito di iniziazione, molto voluto dal boss e dai suoi seguaci. In seguito però, per via della grande fama che la NCO e Cutolo avevano ottenuto, alla fase di reclutamento si sommarono le altre carceri Campane, superando le migliaia di affiliati. Questa cerimonia di affiliazione venne denominata il *"giuramento del Palillo"*, poiché Giuseppe Palillo, al momento del suo arresto, fu trovato in possesso di un nastro dove era incisa la voce di Cutolo che recitava le formule di iniziazione. Questa cerimonia vedeva come protagonisti cinque persone già affiliate e con un grado superiore che fungevano da testimoni e garanti. Fino a quando i riti di affiliazione furono realizzati nel carcere di Poggioreale la presenza di Cutolo fu perentoria ma con l'espansione dell'organizzazione e l'affiliazione in altre carceri la presenza di Cutolo divenne solo simbolica (dicono tramite un fazzoletto di seta). La corrente camorristica predominante ottocentesca borbonica si riflette decisamente sul rituale che canta:

"Omertà bella come mi insegnasti, pieno di rose e fiori mi copristi, a circolo formato mi portasti dove erano 3 veri pugnalisti"

Al nuovo affiliato, con il quale parte gerarchicamente con il grado di "picciotto", si richiede di prestare totale fedeltà all'organizzazione, pena la morte.

Il secondo grado all'interno della NCO era ricoperto dal "camorrista". Grado ovviamente più prestigioso del precedente che però riceveva un rito differente, dove un compare di sangue, che in futuro sarebbe diventato responsabile anche delle sue azioni, gli affingeva un taglio sul braccio mentre pronuncia la preghiera di rito. Successivamente, se tutti i presenti erano d'accordo, allora si passava a leggere:

"Giuriamo di dividere con lui gioie, dolori, sofferenze però se sbaglia e risbaglia e infamità porta, è a carico suo e a discarico di questa società e responsabilizziamo il suo compare di sangue"

Per quanto riguarda il terzo grado cioè quello di "Sgarrista", ruolo altamente privilegiato e che ricopriva una notevole importanza all'interno della società, tanto che Cutolo limitava moltissimo le nomine a Sgarrista. Questa figura era scelta tramite la cosiddetta "*Società di sgarro*" dove si realizzava un rituale di fedeltà diverso ai precedenti e si dichiarava anche la zona del quale lo Sgarrista diventava responsabile.

Tra il "Vangelo" ossia, Raffaele Cutolo, e lo "Sgarrista", c'era il "Santista" grado ricoperto solo dai pochi fedelissimi a Cutolo, degni di sua estrema fiducia. Il loro potere decisionale era più immenso. Un esempio di questi fu **Alfonso Rosanova** detto anche Alf, come gli piaceva farsi chiamare, santista, personaggio di spicco della NCO che ricopriva un ruolo al fianco di Cutolo e nell'organizzazione stessa molto più importante di quello che lasciava intuire. Di fatti la sua figura, nonostante la sua fondamentale importanza, rimase sempre un po' volutamente nell'ombra ma gli si attribuiscono milionari guadagni che beneficiarono la NCO. Rosanova seppe muoversi astutamente nel settore immobiliare arrivando a possedere quantità innumerevoli di immobili e per fino un complesso turistico. Ma fu la sua destrezza nella gestione del traffico internazionale di stupefacenti che apri' sicuramente la porta del grande *show business* alla NCO. Il profilo di Rosanova era il tipico di quello che riesce, grazie ai suoi contatti politici e sociali di ogni genere, a chiudere accordi di fondamentale, importanza in questo caso a pro della NCO e a discapito dei loro contrasti. Con l'avvenuta guerra tra Nuova camorra organizzata e Nuova famiglia, i nemici di Cutolo, e di riflesso anche quelli di Rosanova, ormai non si contano più e il 19 Aprile del 1982 Alfonso Rosanova venne assassinato nell'ospedale di Salerno, dove si trovava ricoverato. Rosanova era stato arrestato a Grosseto ma ricoverato successivamente nell'ospedale di Salerno.

Carmine Alfieri

In piena notte, sette killer di **Carmine Alfieri**, acerrimo nemico di Cutolo, riuscirono a entrare in ospedale armati fino ai denti e a raggiungere la stanza dove si trovava piantonato da un agente di Polizia.

Una volta neutralizzato l'agente, entrarono nella stanza e freddarono Alfonso Rosanova con otto colpi di pistola.

* * *

La strategia di Cutolo fu al quanto chiara e semplice. Si approfittava di soggetti che avevano bisogno di una guida a mo' di setta, ottenendo da loro rispetto e fedeltà. Come? Con astuzia, carisma, dando loro quello di cui all'inizio avevano bisogno come benefici economici per loro e le loro famiglie e una buona dose di violenza, la quale era sempre presente. Per raggiungere il suo scopo, le carceri per Cutolo erano la culla del crimine e del suo potere donde diffondere la sua legge e la sua strategia di dominio, abbindolando moltissimi suoi futuri adepti. Con questa filosofia, Cutolo riuscì a far espandere la NCO anche al di fuori delle carceri creando la **NCO a cielo coperto**, che inglobava tutti i detenuti nelle varie carceri italiane, e la **NCO a cielo scoperto**, che invece agiva al di fuori dei penitenziari facendo sì che il volume dell'organizzazione arrivasse a dimensioni impressionanti con più di 1000 affiliati.

Con lo sviluppo della NCO a cielo scoperto nacque la necessità di incorporare all'interno dell'organizzazione dei personaggi influenti e in molti casi al di fuori della criminalità. Gente insospettabile sulla quale nessuno avrebbe mai scommesso. Questi soggetti variavano dai liberi professionisti fino ai religiosi. Tutti loro non erano meri fiancheggiatori bensì affiliati ai quale fu attribuito un grado nuovo, quello di **"Camorrista ad Honorem"**. Ovviamente questa figura giocava un ruolo importante a livello sociale e amministrativo affinché la NCO potesse espandersi più velocemente sul territorio ottenendo il controllo di attività imprenditoriali, in molti casi lecite e maggiormente far arrivare la presenza della NCO nelle istituzioni. Il potere di manipolazione e la forza carismatica che Cutolo ebbe su determinate persone non risparmiò neanche alcuni religiosi come Suor Aldina Morelli e Don Mariano Santini, cappellano del carcere di Ascoli Piceno dove Cutolo si trovava detenuto. Non furono gli unici religiosi protagonisti di eventi storici camorristici, come per esempio Don Peppino Romano e la sua assistente Lucia Indolfi, al quale toccò peggior fine. Tutti sapevano dello stretto legame che univa Don Peppino con Raffaele Cutolo e sua sorella Rosetta, che risaliva addirittura all'età adolescenziale di Cutolo. Degno di totale fiducia, Don Peppino era diventato la cassaforte dei segreti della NCO di quell'epoca che infatti lo portò, per altro, all'arresto nel 1983 per favoreggiamento nei confronti della sorella di Cutolo durante la sua latitanza. Il 5 Gennaio, il prete subì un attentato dal quale riuscì a farla franca ma, misteriosamente, morì tre giorni dopo. Le continue dichiarazioni pubbliche di Don Peppino come:

"Mi sono salvato ma non mi faccio illusioni. Presto torneranno per uccidermi. Ho solo pochi giorni di vita"

facevano presagire quello che poi sfortunatamente avvenne.

Ma questa non fu la fine di un presagio poiché solo un anno dopo venne assassinata, in circostanze al quanto incerte, durante una strana rapina, anche la sua segretaria Lucia Indolfi. Purtroppo gli avvenimenti che videro come protagonisti questi due religiosi vennero probabilmente insabbiati o accantonati poiché tutt'oggi ancora non si conoscono i responsabili.

* * *

Durante gli ultimi 50 anni abbiamo potuto notare il cambio radicale che l'immagine della donna ha avuto all'interno della camorra. Azzarderei nel dire che quella il quale aprì il cammino fu proprio **Rosetta Cutolo**, sorella di Raffaele Cutolo, che senza dubbi ricoprì il ruolo femminile più importante e al quanto predominante all'interno della NCO, tanto da collocarla in odine gerarchico come braccio destro del fratello, oltre ovviamente al risaputo Vincenzo Casillo, almeno fino alla sua morte.

Rosetta fungeva da ponte di collegamento tra il fratello detenuto e tutti i santisti e sgarristi che appartenevano alla NCO a cielo scoperto. Senza il suo benestare nessuno poteva muoversi o prendere iniziative di alcun genere, specialmente quelle economiche. Il "quartier generale" della NCO era il castello mediceo, struttura imponente che dominava la vista a Ottaviano dovuto alla sua predominante posizione sul promontorio. Sembra che i figli del principe Lancillotto contrassero un debito a favore del nonno di Raffaele Cutolo che, come forma di estinzione del debito, accettò appunto l'intero immobile.

Fonte: erremmenews

All' interno di questo castello, Rosetta fungeva da regina, tanto da essere la custode delle "copiate" che erano le schede contenenti tutti i dati personali di ogni affiliato alla NCO. Si dice che ci fossero delle copie custodite altrove ma che gli originali fossero controllati da Rosetta Cutolo all'interno di un recipiente di cristallo sotterrato all'interno del castello. Quindi, in definitiva, possiamo ricreare un organigramma che colloca Raffale Cutolo come Boss indiscusso, Vincenzo Casillo come suo secondo e sua sorella Rosetta come braccio destro. I luogotenenti più fidati come Pasquale Barra, detto anche *O'animale* per ovvie ragioni che narreremo a seguito, Vincenzo Alfieri e molti altri con il grado di santisti incluso il boss Pasquale D'Amico, al quale fu sequestrata proprio la lista dell'organigramma durante un blitz delle forze dell'ordine che portò all'arresto di vari componenti della NCO incluso il D'Amico stesso.

La NCO era stata creata come macchina per far soldi e con l'idea che tutti gli appartenenti sia della parte a cielo coperto che quella a cielo scoperto, incluso le loro famiglie, fossero sostenuti ad affrontare tutte le loro necessità economiche e non solo. Per raggiungere questo traguardo fu necessario da parte loro implementare una grande e massiccia dose di violenza della quale Pasquale Barra era sicuramente il maestro e responsabile del braccio armato.

* * *

Fonte: Il resto del Carlino

Pasquale Barra, noto luogotenente di Raffaele Cutolo, nacque a Ottaviano il 18 Gennaio del 1942 e fu ritenuto uno dei più feroci e spietati assassini della NCO dell'epoca. Egli saltò direttamente i gradi di picciotto, camorrista e sgarrista per passare direttamente prima a capozona e successivamente a Santista. Fu uno dei primi affiliati alla NCO e curiosamente anche uno dei primi a dissociarsi, collaborando con la giustizia sin dal maxi blitz del Giugno del 1983 quando la Nuova Camorra Organizzata subì il colpo più duro da parte delle istituzioni con l'emissione di 856 ordini di cattura.

Raffaele Cutolo disse di lui:

"siamo amici sin da piccoli, siamo compari, siamo amici da sempre. È stato un uomo sfortunato e chi va sulla sua strada, lo trova"

Gli furono imputati all'incirca 70 omicidi dei quali 67 da dietro le sbarre, di fatti li attribuirono il soprannome di *"Boia delle carceri"*, Oppure *O'animale* dovuto appunto all'efferatezza delle sue esecuzioni che realizzò nelle più svariate maniere, tra cui molte anche a mani nude. Tra le vittime di Barra ci furono anche nomi illustri della criminalità come Antonino Cuomo, figlioccio proprio di Raffaele Cutolo, il quale fu sentenziato dalla NCO a causa di presunti sgarri. Cuomo fu assassinato per mano di Barra nel carcere di Poggioreale colpito da numerosi fendenti. Probabilmente però l'omicidio più importante avvenne proprio in carcere e ne fu vittima Francis Turatello, un boss che dominava il panorama milanese. Turatello aveva le spalle coperte da Cosa nostra e dai marsigliesi di allora; quindi, si spingeva spesso oltre i suoi limiti creando attriti. Nel 1981, Barra e Turatello si trovavano entrambi detenuti nel carcere di Nuoro, il quale sotto il controllo della NCO come la maggior parte dei penitenziari. Quale miglior occasione per portare a termine una decisione unanime ormai presa da tempo? Turatello uscì nell'ora d'aria nel cortile numero 4 del penitenziario nuorese per non rientrare più nella sua cella. Nel cortile c'era ad aspettarlo il gruppo della morte formato da Vincenzo Andraous, Antonio Faro, Salvatore Maltese capitanati da Pasquale Barra. Quaranta coltellate massacrarono il corpo di Turatello e ciò nonostante tentò per onore e orgoglio di morire in piedi ma cadde preda dei suoi carnefici. Molte furono le speculazioni sulla decisione di uccidere Turatello e da chi fu presa quella decisione ma alla fine ci si rese conto che il boss milanese lo volevano morto in molti. Basandoci sulle rivelazioni dei collaboratori di giustizia, Turatello doveva morire perché i catanesi e i cutoliani dovevano impossessarsi del territorio milanese e spartirne i benefici.

Nel 1983, Pasquale Barra decise di pentirsi e di diventare collaboratore della giustizia. Le sue rivelazioni condussero gli inquirenti, coordinati dai sostituti procuratori Lucio Di Pietro e Felice Di Persia, ad affliggere il colpo di grazia alla NCO, che venne decimata raggiunta da 856 ordinanze di custodia cautelare.

Anche se ormai in anziana età, molti furono quelli che tirarono un sospiro di sollievo il 27 Febbraio del 2015, al sapere che Pasquale Barra era deceduto nel carcere di Ferrara a causa di un infarto.

Turatello fu celebre anche per la forte rivalità con un altro criminale di spicco, Renato Vallanzasca, circostanza dalla quale scaturì una sanguinosa faida.

Fonte: Il giorno

Turatello e Vallanzasca si ritrovarono detenuti nello stesso carcere e inaspettatamente questo fece terminare la belligeranza tra le due fazioni e fece nascere una vera e propria amicizia tra i due, culmine della quale Turatello fece da testimone al matrimonio di Vallanzasca in carcere.

Durante gli anni 80, furono molteplici le dichiarazioni di alcuni collaboratori di giustizia che affiancavano la figura criminale di **Renato Vallanzasca** detto anche il *bel René*, personaggio di spicco della criminalità Milanese alla NCO. Affiliazione sempre smentita da parte del boss della Comasina, che dichiarava di fronte al magistrato:

"I miei rapporti con questa pseudo- organizzazione, definita NCO, sono stati nulli, anzi, tutti erano al corrente dei miei attriti con Raffaele Cutolo quindi già questo dovrebbe deporre a mio favore. Ciò nonostante è vero che stringevo una forte amicizia dal 1968 con due affiliati alla NCO che erano Marco Medda e Vito Pesce. Con Marco Medda specialmente avevamo condiviso cella insieme ma i nostri rapporti si raffreddarono quando decise, senza motivi apparenti, di cambiare cella per andare con Raffaele Cutolo. Mentre Vito Pesce è stato sempre un grande rapinatore di Milano con il quale abbiamo condiviso tante faccende, incluse alcune condanne pesanti."

Vallanzasca affermò di non essersi mai sentito autorizzato ad affermare l'esistenza di questa organizzazione ma allo stesso tempo non la negò mai e che le accuse rivoltagli erano talmente vaghe quanto indifendibili.

Vallanzasca è un criminale che non ha bisogno di molte presentazioni: famigerato per le sue imprese criminali fu sempre considerato uno dei criminali più rilevanti del nostro paese nonostante non si sia mai dimostrata la sua appartenenza ad associazione di stampo mafioso ma solo a organizzazione criminale. L'ex boss della Comasina, specializzato in sequestri, rapine e omicidi, tra cui quello di due agenti della polizia di stato nel 1977, fu condannato a una pena totale di 4 ergastoli e 295 anni di reclusione. Non si fece mancare proprio nulla nel suo cv delittuoso, protagonizzando vere e proprie prodezze criminali degne, come poi si è visto, di alcune sceneggiature cinematografiche. Tra le decine di misteri che hanno visto il bel René come primo attore c'è sicuramente il caso dell'omicidio di Massimo Loi, un giovane affiancato al boss con il quale condivideva anche una grande amicizia, che, a quanto pare, non servì a risparmiargli la vita.

1981, carcere di Novara. Vallanzasca approfitta di una rivolta in carcere per commettere l'uccisione di un giovane membro della sua banda con il quale manteneva anche una forte amicizia. Massimo Loi fu accusato e sentenziato a morte per aver mostrato intenzioni di collaborare con la giustizia e quindi cambiando vita uscendo dal circolo vizioso della criminalità ma, successivamente, le ragioni dell'omicidio furono attribuite a uno sgarro che Loi fece al boss, osando rapinare i suoi genitori usando oltretutto la violenza. Vallanzasca negò per molti anni di esserne stato il responsabile ma alla fine, dichiarò, nell'ultimo libro biografico scritto da Leonardo Coen, di aver ucciso lui Loi "il suo miglior amico" a coltellate in una delle celle del carcere di Novara, proprio durante la rivolta del 1981. L'uccisione per arma bianca fu atroce ma ancor più efferato fu il gesto post-mortem. Ascoltando le confessioni di Vincenzo Andraous, a quanto pare presente al momento dell'omicidio, sembra che dopo essere stato ucciso, Loi venne decapitato e giocarono a pallone con la sua testa, fatto sempre smentito da Vallanzasca e dai presenti.

Vallanzasca ottenne dopo più di 40 anni di prigionia il regime di semilibertà che puntualmente infranse commettendo una rapina in un supermercato per il quale fu a sua volta condannato. Nell'attualità, per il tribunale di sorveglianza di Milano, il percorso malavitoso di Renato Vallanzasca è stato commutato da involuzioni trasgressive imputabili alla sua personalità e non si ravvisa in lui quel requisito del sicuro ravvedimento previsto dalla legge ai fini di ottenere la libertà condizionale.

* * *

La NCO, come la vecchia camorra, ha sempre dichiarato testualmente che tutti i suoi componenti sono uomini d'onore i quali si estraniano da tutti i tipi di rapimento e che i bambini sono sacri e non si toccano. Teoria pur non sempre dimostrata ma che in alcuni casi, come quello di Raffaella Esposito, ebbe il suo riscontro.

Il 13 marzo del 1981, il cadavere di Raffaella Esposito, una povera bimba di solo 10 anni di età, venne ritrovato in un pozzo a San Gennarello, frazione di Ottaviano, che come tutti sanno, era il regno di Cutolo. In un primo momento le supposizioni degli inquirenti puntavano su un delitto camorristico, scartando lo scopo economico poiché i genitori di Raffaella non erano benestanti e quindi non attraenti per un sequestro ai fini di lucro. La NCO però, attraverso le dichiarazioni del boss Pasquale

D'amico, si dissociò completamente dal delitto chiarendo appunto che i veri camorristi non avrebbero mai e poi mai permesso questo. D'amico era ritenuto attendibilissimo all'interno e fuori della NCO per via del fatto che ne fu uno dei creatori sotto il comando del fondatore Cutolo. Soprannominato U'cartunaro, perché prima di affiliarsi alla camorra raccoglieva cartoni, fu uno dei luogotenenti di Cutolo, diventando così personaggio di spicco all'interno della NCO, protagonizzando anche un'evasione il 23 Aprile del 1984 dalla caserma Iovino, dove si dichiarò collaboratore di giustizia con altri due esponenti del clan, Salvatore Zanetti e Achille Lauri.

La piccola Raffaella fu sequestrata due mesi prima e tenuta ostaggio in un luogo sconosciuto fino a quando, nonostante i vari appelli di liberazione, anche da parte della camorra stessa, fu atrocemente uccisa tramite strangolamento e gettata in un pozzo. I veri responsabili del terribile crimine non vennero mai a galla ma, una volta scartato l'atto camorristico, tutte le accuse caddero su un tale Giovanni Castiello, un incensurato che poi fu successivamente prosciolto. Gli elementi a carico di Castiello erano insufficienti per il magistrato Lucio Di

Pietro, che fu anche il PM a dirigere il maxi blitz del Giugno del 1983 contro la NCO. Però per la giustizia interna della nuova camorra organizzata, Castiello era colpevole e quindi Cutolo decise di farlo ammazzare il 13 Aprile da due killer che aprirono il fuoco su di lui. La sera stessa dell'omicidio, la NCO rivendicò affermando che:

"I bambini non si toccano e la camorra ha giustiziato l'assassino della piccola Raffaella".

Secondo fonti attendibili, la NCO decise di eliminare Castiello in segno di dimostrazione di forza e di perentoria giustizia.

Durante la sua carriera criminale, Raffaele Cutolo ha potuto contare sull'appoggio di diversi rappresentanti dello stato che al suo cospetto si sono piegati per vigliaccheria o perché ne condividevano interessi. Ciò nonostante ci sono stati i coraggiosi degni di menzione che hanno osato opporsi.

Una donna che dimostrò sempre estrema repulsione verso Raffaele Cutolo e la sua organizzazione fu Pupetta Maresca, la quale, dopo aver scontato la sua pena per essersi vendicata dell'uccisione del marito, noto criminale locale, uccidendo il killer che gli tolse la vita, intraprese una guerra personale contro Cutolo &co. Affermò pubblicamente che la NCO e Cutolo erano il cancro della Campania e che Napoli stava affondando per loro colpa. Dichiarò:

"Cutolo vuole essere l'imperatore di questa città e vuole avere le mani su tutto, ma non le metta addosso alla mia famiglia perché io non ho paura, io lo ammazzo".

La storia di Pupetta Maresca arrivò anche al piccolo schermo, in una fiction chiamata: *Pupetta, il coraggio e la passione.*

* * *

Giuseppe Salvia, Vicedirettore del carcere di Poggioreale, era consapevole che ostacolare il volere di Cutolo e della sua organizzazione non sarebbe stata una decisione saggia ma come rappresentante dello stato, riteneva che certe regole non dovessero essere trasgredite e dovevano essere rispettate da tutti, inclusi i boss come Cutolo.

Poliziapenitenziaria.it

Il 23 Novembre del 1980 e il 14 febbraio del 1981, approfittandosi delle scosse di terremoto avvenute all'epoca, Cutolo ordinò un doppio agguato nel carcere di Poggioreale uccidendo sei esponenti di clan rivali con il proposito di affermare la sua egemonia nel carcere. A causa di questi eventi tutti i parametri di sicurezza furono estremizzati imponendo restrizioni a tutti, incluso al boss e i suoi affiliati. Cutolo non accettò che la sua legge all'interno del carcere fosse messa in dubbio e il 6 Novembre 1981, a causa di una perquisizione schiaffeggiò Giuseppe Salvia, fece capire che nel carcere di Poggioreale esisteva solo la sua di legge. Salvia, in forma molto professionale si limitò a denunciarlo eliminando a sua volta molti dei benefici attribuiti a Cutolo e richiedendo il trasferimento di molti affiliati alla NCO ad altri centri penitenziari italiani.

Il 14 Aprile del 1981, Giuseppe Salvia fu ucciso sulla tangenziale di Napoli con sei colpi di pistola. Le indagini degli inquirenti portavano a un omicidio con movente politico/terrorista anche perché le **Brigate rosse** realizzarono un comunicato al quotidiano "*Il Mattino*" rivendicando l'attentato. Grazie alle dichiarazioni del pentito Mario Incarnato, capozona del quartiere Ponticelli di Napoli, e protagonista durante i primi anni della NCO che dichiarò le intenzioni di Cutolo di eliminare il vicedirettore appunto dovuto alle ragioni su indicate. Nonostante Cutolo smentì la sua implicazione nell'omicidio, nel Dicembre del 1988 fu condannato all'ergastolo.

* * *

La NCO diramò la sua presenza anche fuori della stessa regione Campania affiliando criminali non locali radicati su altri territori nazionali. Un esempio di questo fu quello di Nicolino Selis ex membro della famigerata banda della Magliana operante su Roma e non solo. Cutolo conobbe Selis nel 1974 quando si trovavano entrambi detenuti nel carcere di Poggioreale e da allora nacque un sodalizio che portò Selis ad essere affiliato NCO e diventare uomo che faceva capo direttamente a Raffaele Cutolo. Questa affiliazione, di riflesso, instaurò anche una collaborazione tra NCO e banda della Magliana con scambi di favori e gestioni d'affari anche sul territorio della capitale gestito da Selis affiancato da Vincenzo Casillo.

Selis era l'elemento di raccordo con la NCO e a dimostrazione della sua forma di subordinazione, si recò da Cutolo per richiedere il suo supporto per l'uccisione del giornalista Mino Pecorelli. Selis fece richiesta a Cutolo sull'arma dell'omicidio, il quale Cutolo in quel momento latitante e sprovvisto di quella pistola lo inviò dal suo braccio destro Casillo che appunto era su Roma, non prima di essersi assicurato che quell'omicidio non fosse stato una petizione da parte di Cosa Nostra, viste le divergenze tra i siciliani e la NCO. Se Selis avesse realizzato intercambi di favori con i siciliani, Cutolo lo avrebbe fatto sicuramente ammazzare.

Si attribuirono le ragioni dell'omicidio Pecorelli ad alcuni articoli investigativi del giornalista che studiava in quel momento il caso della banda della Magliana. Tutto questo non piacque al direttivo della banda che lo considerava già un fiancheggiatore del Gen. Della chiesa e quindi il 20 Marzo del 1979, a Roma, decisero di eliminarlo.

Ulteriore testimonianza della collaborazione tra NCO e banda della Magliana fu anche l'intervento di Selis affinché si trovasse il covo dove fu sequestrato Aldo Moro. Le parole di Cutolo furono:

"Selis venne da me 2 giorni prima che Moro venne ammazzato e mi disse dove si trovava. Comunicai immediatamente a chi di dovere ma sembra che non fossero più interessati in salvarlo e mi fu detto, anche dal mio destro Vincenzo Casillo, di lasciar perdere"

* * *

I proventi della NCO erano svariati e principalmente

basati sul racket delle estorsioni, il traffico di stupefacenti, armi e il contrabbando ma fu proprio approfittandosi di un evento catastrofico come il terremoto dell'Irpinia che raggiunse l'apice dello sviluppo e del potere "apparente", assicurandosi gli appalti pubblici, infiltrandosi così nel sistema politico-economico "legale".

Però, basandoci sulla testimonianza della maggior parte dei futuri pentiti dell'organizzazione, quella ricchezza era apparente e destinata solo a pochi scelti mentre gli affiliati dovevano pressoché sopravvivere per conto proprio. Cutolo realizzava una sottospecie di filtro benessere assicurando una base economica solida di soli pochissimi suoi fedeli mentre la maggior parte venivano marginati e a volte abbandonati.

Questa crescita apparente della NCO ovviamente creò non poche inimicizie, specialmente da parte di alcuni boss di camorra come i Giuliano del quartiere Forcella di Napoli, Carmine Alfieri e Luigi Vollaro che, stanchi dell'oppressione inflitta da Cutolo, decisero di creare un'unione tra le loro famiglie contro la NCO di Cutolo. Questa unione diede vita alla chiamata **Nuova Famiglia** che fece nascere una faida durata circa 4 anni la quale vide uno spargimento di sangue tra le due fazioni con più di 1000 morti dentro e fuori dal carcere. Ed è proprio in carcere dove avvenne una delle mattanze più ricordate da parte di Cutolo e i suoi che, approfittandosi degli scompigli creati dal terribile terremoto della sera del 23 Novembre 1980 nel carcere di Poggioreale, organizzò una spedizione punitiva ai danni di Giuseppe Clemente, Antonio Palmieri e Michele Casillo, i quali morirono assassinati sotto i colpi dei fendenti Cutoliani. La reazione da parte dei boss alleati della Nuova Famiglia non tardò a farsi sentire. Di fatti decisero che uno dei membri di quella spedizione punitiva, Giacomo Frattini, doveva pagare con la vita. Frattini, una volta in libertà, fu rapito, torturato e in fine tagliato a pezzi, lasciando i suoi resti in una *Fiat 500* parcheggiata di fronte all'orto botanico di p.zza Carlo III a Napoli. Finalmente, nel Febbraio del 2009, furono emesse le ordinanze di custodia cautelare per i boss Abbinante, Di Lauro, Lo Russo, Sarno, Pariante, Vollaro e Mallardo come mandanti dell'omicidio.

Nel 1982, la guerra tra le due fazioni ormai si imponeva

nella sconfinata provincia napoletana marcando con una azione di sterminio la memoria di molti italiani, scrivendo una delle pagine rosso sangue della storia di camorra. I protagonisti furono la famiglia Di Matteo accusata da Cutolo di essere passata alla Nuova Famiglia e, a causa di questo, Cutolo ordinò lo sterminio dell'intera famiglia, non osservando nemmeno più le regole scritte di camorra dove le donne non si toccavano, poiché il commando armato fece irruzione in casa Di Matteo uccidendo la moglie, la sorella e la madre di Di Matteo Mattia proprio d'avanti al figlio di soli tre anni che fu, grazie a Dio, lasciato in vita ma i killer della NCO. Non contenti eliminarono quella sera stessa anche Mattia Di Matteo a colpi di pistola.

Proprio nel 1982, come forma repressiva in contrasto a questa guerra, il presidente della Repubblica Sandro Pertini fece trasferire Cutolo dal carcere di Ascoli Piceno all'esilio nel carcere dell'Asinara, che fondamentalmente fu riaperto solo per lui accogliendolo come unico ospite. Ovviamente questa reazione drastica da parte delle istituzioni fu una via per imporre un pugno duro sulla guerra alla camorra e si pensò che, con l'isolamento totale del boss, la NCO avrebbe perso la rotta. Proprio durante la sua permanenza nel carcere sardo, Cutolo decise di fare uno dei passi più importanti della sua vita, sposandosi con Immacolata Iacone, 20 anni più giovane di lui, che aveva conosciuto anni addietro in carcere ad Ascoli Piceno, durante i colloqui, dato che il fratello di lei era detenuto lì con Cutolo. Il loro si potrebbe definire amore platonico a prima vista giacché si conobbero durante i colloqui e da allora condivisero ben poco visto che Cutolo rimase sempre in carcere al 41 bis.

Fonte: agro24

Tra loro ci fu un solo bacio e pochissimo contatto fisico. Ciò nonostante Raffaele Cutolo le chiese la mano e decisero di convenire a nozze nel carcere dell'Asinara il 26 Maggio del 1983. La signora Iacone dichiarò che quella fu la prima volta che vide suo marito a corpo intero fuori dalle sbarre e che, nonostante la famiglia Cutolo l'avesse avvisata che tra al massimo un paio di anni sarebbe uscito, lei era disposta anche ad aspettarlo dieci. La sorte però volle che nonostante la grazia richiesta all'allora presidente Ciampi, grazia puntualmente non accolta, lei dovette attendere tutta la vita.

"Sapevo che sposando Raffaele sarei andata in contro a tutto ciò, l'ho fatto solo per amore. Quel Cutolo di una volta non esiste più, quello è morto, è morto da quando si è sposato con me. Adesso c'è una persona diversa che si è pentita con Dio. Io non ho mai perso la speranza e continuerò a lottare affinché' tutto ciò possa accadere."

I momenti di felicità furono sicuramente un miraggio per la loro vita insieme ma quello sicuramente fu il più bello. Ma come tutte le cose belle che presto finiscono, anche quel momento fu deturpato da tre orribili tragedie che colpirono sia Cutolo che sua moglie. Il padre e il fratello di Immacolata Iacone vennero assassinati proprio come il figlio grande di Cutolo, Roberto.

Questa guerra e l'esilio di Cutolo, però, sembrano non aver fatto per niente bene alla NCO che, nonostante alcune azioni importanti portate a segno, sembra aver la peggio per via dei legami e del supporto alla Nuova Famiglia da parte della mafia siciliana e dal fatto che molti affiliati NCO cambiarono bando accusando Cutolo di non aver mantenuto la sua parola e di averli trascurati sia fuori che dentro il carcere. Una guerra che per molti poteva essere evitata e che vedeva alcuni affiliati NCO contrari alla belligeranza autodistruttiva di Cutolo che aveva rotto vecchi equilibri per crearne altri dove la figura della NCO era ormai sulla via del declino.

Furono proprio i pilastri di cartone costruiti da Cutolo che cominciarono a traballare, marcando l'inizio della fine della NCO. Ormai finire in carcere per qualsiasi affiliato alla nuova camorra organizzata significava essere consapevoli di pagare pene al quanto lunghe e di subire un danno economico piuttosto rilevante. Quella mega struttura ormai fatiscente innalzata da Cutolo e basata sulla ricchezza inverosimile, o ancor meglio detto fiabesca, ormai si era trasformata in un chiaro e imminente declino basato sulla povertà della maggior parte degli affiliati e la ricchezza di soli pochissimi scelti.

Il colpo di grazia che decise la fine della Nuova Camorra Organizzata e il suo capo Raffaele Cutolo, arrivò con il passaggio di molti Cutoliani alla Nuova famiglia ma ancora di più con il pentimento di molti di loro, tra cui in primis Pasquale Barra, la quale portò allo sviluppo della maxi operazione contro la NCO che vide l'impiego storico di 8000 membri delle forze dell'ordine, con il risultato di 856 ordini di cattura e custodie cautelari. Molti messi alle strette e con un futuro di oltre vent'anni dietro le sbarre, decisero di collaborare con la giustizia affondando così *O'professore* e il suo sogno idilliaco.

Molti furono i Cutoliani che, post guerra *NCO vs Nuova Famiglia*, passarono appunto ai contrasti, cioè alla nuova famiglia. Tra loro c'era anche Luigi Riccio che successivamente al suo cambio finì come collaboratore di giustizia al maxi processo NCO del 1985. Fondamentali furono le sue dichiarazioni innanzi al magistrato nell'Aprile del 1985, del quale ho voluto riportare alcuni tratti salienti.

"Ho fatto parte della NCO e poi sono passato alla nuova famiglia e molti sono stati i motivi di questa mia decisione, tra cui il più rilevante fu che non ero d'accordo con i metodi di gestione della NCO adottati dalla direzione strategica, specificatamente da Raffaele Cutolo.

Nela nuova famiglia invece ho fatto parte di quelli che si appoggiavano ai Vollaro, ai Giuliano ed ai camorristi di Secondigliano, Portici ed Ercolano i quali in tanti si rifanno agli ideali tradizionali della camorra che bandisce il sangue nonché l'uccisione di donne, bambini e vecchi.

Successivamente ho deciso di farla finita con ogni forma di camorra fornendo il mio contributo all'individuazione dei membri della nuova famiglia e di coloro che essendo, come me, in disaccordo con Raffaele Cutolo, passarono dalla parte della nuova famiglia.

La NCO non ha mai pensato ai suoi affiliati, eravamo noi che coprivamo le loro necessità dalle zone. Cutolo ha solo preso in giro tutti e sosteneva solo quelli che diceva lui a suo proprio interesse e beneficio.

Tutti gli introiti venivano suddivisi in parti. La prima ovviamente a Raffaele Cutolo, poi al fondo carcerati, una quota al capozona ed in fine quello che restava se lo dividevano i realizzatori materiali del colpo.

Il far parte della NCO non portava alcun beneficio anzi erano solo svantaggi. Lo facevano solo perché vedevano Cutolo come un DIO da seguire ma non ne traevano nessun vantaggio.

Ricordo quando nel 1981 volevano ammazzarmi perché decisi di non dare più conto a Cutolo. Questa era la fine che facevano tutti quelli che non volevano contribuire."

* * *

Il maxi processo alla NCO, durato un anno, fu senza precedenti. Per via dell'alto numero di imputati si dovette allestire un aula bunker in uno spazio vastissimo inutilizzato del carcere di Poggioreale. Il processo non vide come protagonisti solo i soliti Cutoliani ma anche personaggi dello spettacolo, politici, imprenditori, colletti bianchi e addirittura rappresentanti della chiesa, tutti loro uniti da un solo credo: quello di Cutolo. I nomi che all'epoca fecero più scalpore furono sicuramente quello del povero presentatore **Enzo Tortora**, alla fine massacrato ingiustamente dagli inquirenti e del cantante **Franco Califano** entrambi accusati di affiliazione alla NCO.

Califano fu accusato di aver percepito 300 grammi di cocaina dalla NCO come forma di pagamento di un concerto privato tenutosi a Secondigliano, mentre Tortora di essere un affiliato della NCO svolgendo la funzione di corriere della droga per conto di Cutolo. In entrambi i casi, Tortora e Califano venivano accusati dai pentiti Barra, Melluso e Pandico che riuscirono inizialmente a convincere i magistrati con le loro affermazioni ma che terminarono capacitandosi e rendendo tutti i pentiti inattendibili facendo così cadere le tesi accusatorie non essendo stato possibile riscontrarle con prove tangibili e quindi disposta l'assoluzione degli imputati. Purtroppo questo processo marcò anche uno degli episodi più nefasti della giustizia italiana e la terribile fine del povero Enzo Tortora che continuò per anni gridando la sua innocenza. Famosa la sua frase al termine delle sue dichiarazioni spontanee al processo d'appello del 1986:

"Io sono innocente, lo grido da 3 anni, lo gridano le carte, lo gridano i fatti che sono emersi da questo dibattimento. Io sono innocente e spero dal profondo del cuore che lo siate anche voi"

Enzo Tortora tornò a dominare il palcoscenico televisivo nel 1987, come allora solo lui sapeva fare, esordendo nella sua prima puntata con la grande eleganza che lo distingueva:

"Dunque, dove eravamo rimasti?"

Fonte: newmondo

Purtroppo a causa di un male incurabile, Tortora morì il 18 maggio del 1988, ma si è sempre detto che furono le istituzioni ad ucciderlo.

Sotto le accuse del pentito Melluso, cadde anche un altro personaggio dello spettacolo, Walter Chiari il quale fu accusato dal pentito di aver ricevuto e smerciato per suo conto più di 1kg di cocaina. Fortunatamente anche queste dichiarazioni furono dichiarate inattendibili e Walter Chiari ne uscì indenne.

* * *

Nel 1994, l'immagine del poderoso boss si vide momentaneamente offuscata da un tentativo di collaborazione con la giustizia gestita dal magistrato della procura di Napoli Franco Roberti. Nonostante i vari tentativi di persuasione andati in fumo da parte dei magistrati durante gli anni precedenti, sembra che finalmente ci fossero riusciti. Purtroppo però, proprio prima del suo trasferimento in un luogo protetto, decise di fare un passo indietro e tornare sui suoi ideali di integrità morale e omertosa. Cutolo attribuì il suo cambio di decisione last minute all'opinione contraria che avevano a riguardo sua moglie e sua sorella, ma il magistrato franco Roberti sospettò l'intervento della mano nera dei servizi segreti dichiarando al giornale "*Il Mattino*":

"Questa è una mia ipotesi non suffragata da riscontri concreti. Ma è una ipotesi che ritengo plausibile, visto che ci apparve assolutamente poco credibile il motivo adotto da Cutolo per il suo pentimento, ossia il fatto che le donne della sua famiglia avessero manifestato contrarietà alla collaborazione con la giustizia."

* * *

Al termine dei vari processi la figura del boss sanguinario di Cutolo, uomo del potere assoluto, fu sostituita da quella di un ergastolano ormai impotente di fronte al suo fallimento. Il suo progetto d'impero venne completamente disarticolato e lui sentenziato a finire i suoi giorni in carcere. Consapevole della situazione presente e futura, Cutolo e la Iacone decidono di avere qualcosa di davvero loro, il frutto del loro amore, così richiedono il permesso per realizzare la fecondazione assistita e avere così un loro figlio. Cutolo disse:

"So che morirò in carcere e a mia moglie vorrei regalare un figlio"

Dopo non poche battaglie legali ottennero l'approvazione e Immacolata Iacone dichiarò al quotidiano *"La repubblica"*

"Sono consapevole che la nascita di mia figlia susciterà l'interesse dell'opinione pubblica"

Il 30 Ottobre del 2007 nacque Denise, una bimba lontana da tutte quelle realtà che, con il suo arrivo, sicuramente avrebbe portato un nuovo inizio.

IL RAPIMENTO CIRILLO

Il 1981 fu un anno critico e alquanto significativo per l'Italia con il terremoto, le azioni eversive delle Brigate rosse e la camorra a Napoli che compiva omicidi ogni giorno.

In quell'anno le brigate rosse rapiscono un assessore

regionale campano, il democristiano Ciro Cirillo, e i poteri occulti scendono in campo per liberarlo.

Nell'Aprile del 1981, al numero 125 di via Cimaglia a Torre del greco, l'assessore regionale campano e pupillo del allora leader della democristiana Antonio Gava, venne sequestrato da un commando di 5 terroristi delle BR, vittima di un agguato dove rimasero uccisi il Brigadiere Luigi Carbone e l'autista Mario Cancello e venne ferito gravemente Ciro Fiorello, assistente di Cirillo.

Cirillo era assessore regionale all'urbanistica, incarico che, durante gli anni del terremoto del 1980, lo avevano decisamente portato a essere un obiettivo molto importante poiché la sua gestione sulla ricostruzione post-terremoto poteva marcare la differenza.

Cirillo venne sequestrato e tenuto in ostaggio per 89 giorni a Cercola, nelle prossimità di Torre del Greco ma la sua liberazione rimane sempre uno dei grandi buchi neri della nostra Repubblica.

Quello che non era successo tre anni prima con il rapimento e l'omicidio di Aldo Moro accadde questa volta e lo stato entrò in trattativa con il boss Raffaele Cutolo, al quale fu chiesto di intervenire tempestivamente affinché fungesse da intermediario per ottenere la rimessa in libertà dell'assessore. Si può dire che, forse, per la prima volta lo stato stringeva la mano alla camorra, promettendo a Cutolo dei benefici che non verranno poi mai mantenuti e lasciando uno dei misteri nazionali ancor oggi al quanto incerti.

All'improvviso arriva un comunicato per voce di Antonio Chiocchi allora portavoce delle BR:

"Il processo a Ciro Cirillo è terminato e la condanna a morte di questo boia è la giusta sentenza in questa società divisa in classi ed è nello stesso tempo il più alto atto di umanità che le forze rivoluzionarie possono compiere per affermare il sistema del potere proletario armato e per liberare dalle catene del dominio capitalista."

La condanna a morte dell'assessore è ormai imminente quando avviene un colpo di scena. La famiglia della vittima cede al pagamento del riscatto di 1 miliardo e 450 milioni di vecchie Lire, incaricando al giornalista Enrico Zambelli della consegna del riscatto al leader del commando BR Giovanni Senzani che a sua volta libera Cirillo il 24 Luglio del 1981.

Molte furono le testimonianze che cercarono di diffamare l'ipotesi di collaborazione di Cutolo nel rilascio di Cirillo, cercando di cancellare la sua impronta decisiva al momento di salvargli la vita, ma il Procuratore Franco Roberti spiegò senza esitare che, dalle prove emerse in fase processuale, era chiarissima la partecipazione di Cutolo che incontrava esponenti della Democrazia Cristiana e dei servizi segreti tramite colloqui in carcere.

In più Roberti svela dettagli del caso affermando che, in cambio della liberazione di Ciro Cirillo, si sarebbero dovute consegnare armi e denaro alle Brigate Rosse e benefici carcerari per Cutolo e altri esponenti della NCO ma principalmente degli appalti appunto sulla ricostruzione post- terremoto.

I risultati investigativi dell'indagine, comandata dal giudice istruttore Carlo Alemi, fecero emergere elementi sufficienti per ritenere la partecipazione di alcuni esponenti di spicco della Democrazia Cristiana nella trattativa con Cutolo tramite incontri nel carcere di Ascoli Piceno. Accuse respinte dai politici DC dell'epoca che querelarono Alemi, il quale finì vittima di un procedimento disciplinare. Questa trattativa, da quel che sembra, fu gestita dagli uomini dei servizi segreti italiani, le BR e Cutolo nel carcere di Ascoli Piceno dove scontava pena quest'ultimo. Come Cutolo dichiarò:

"È vero che molti personaggi mi contattarono nel carcere di Ascoli Piceno per farmi intervenire sulle BR e ottenere il rilascio di Cirillo. Inizialmente rifiutai, ma alla fine mi convinsero. I brigatisti mi chiesero a cambio di dare una lezione a Francis Turatello perché proteggeva i terroristi neri e infastidiva i rossi. L'ordine fu quello di farlo picchiare o accoltellare, poi la cosa degenerò e finì che Turatello fu ucciso ed io presi l'ergastolo. I brigatisti offrirono anche la vita dell'ingegnere Taliercio e del fratello del pentito Peci in cambio di alcune pubblicazioni su determinati manifesti. Comunicai subito della richiesta agli intermediari che mi risposero che di Taliercio e Peci non gliene importava nulla."

Purtroppo la fine di quest'altra storia già la conosciamo tutti. I due sequestrati Taliercio e Peci furono uccisi mentre l'omicidio di Francis Turatello fu portato a termine il 17 Agosto del 1981 nel carcere di Nuoro per mano di Vincenzo Andraous, Antonino Faro, Salvatore Maltese e Pasquale Barra uomo di Cutolo. Sull'omicidio Turatello si aprirono varie ipotesi ma alla fine quella di

Cutolo rimase comunque la più attendibile.

Le vicende che avvolgevano Cutolo durante quegli anni erano a dir poco caratterizzate da eventi a volte inspiegabili che facevano intuire l'intervento pilotato esterno ma che poi sfumavano nel nulla. Un esempio tra tutti potrebbe essere anche il misterioso trasferimento di Raffaele Cutolo nel 2007 dal penitenziario di Novara a quello di Terni in concomitanza con il trasferimento del boss di Cosa Nostra Bernardo Provenzano dal carcere di Terni a quello di Novara. Sembra inverosimile ma fecero intercambiare carcere e la stessa cella ai due boss, ovviamente entrambi sottoposti al 41Bis.

Come tutti i misteri inestricabili del nostro paese, anche quello del rapimento Cirillo lasciò dietro di sé una lunga scia di sangue, cominciando dal criminologo **Aldo Semerari** che fu sequestrato, successivamente decapitato e fatto ritrovare a pezzi sul sedile anteriore di una *Fiat 128* parcheggiata di fronte alla casa di Vincenzo Casillo, braccio destro di Cutolo. Molti attribuirono la sua uccisione e il modus operandi così brutale a un doppio gioco fatto dal Semerari che emetteva perizie psichiatriche false ai fini di ottenere scarcerazioni, per entrambi i bandi. Altri invece puntavano sui suoi collegamenti con la destra eversiva e i servizi segreti, ma il fatto sta che sia lui che la sua segretaria, che venne ritrovata morta in casa con un colpo di arma da fuoco, pagarono con la vita.

Nel 1982. Persero la vita alcuni affiliati a Cutolo come Mario Cuomo e Nicola Nuzzo e altri appartenenti alle BR come Luigi Bosso. Morirono per cause naturali e malattie incurabili anche i portavoce dei servizi segreti ma le due morti che fecero più scalpore furono quella di Vincenzo Casillo, braccio destro di Raffaele Cutolo e quella di Antonio Ammaturo, capo della squadra mobile di Napoli.

Fonte: L'ora vesuviana

Vincenzo Casillo, risaputo braccio destro di Raffaele

Cutolo, fu parte attiva nella trattativa per il sequestro Cirillo, coprendo un ruolo fondamentale di collegamento con il mondo politico. Si arrivò addirittura a dimostrare, come Cutolo affermò nelle sue dichiarazioni, che Casillo entrò in possesso di credenziali dei servizi segreti per far sì che lui potesse entrare nelle carceri italiane senza destare sospetti anche durante il suo periodo di latitanza. Il 29 gennaio del 1983, Vincenzo Casillo morì sul colpo, vittima di una autobomba a Roma. Ci furono anche in questo caso varie dichiarazioni di alcuni pentiti di fazioni opposte ma quella che si considerò più attendibile inizialmente ma successivamente smontata, fu quella del pentito Claudio Sicilia, ex esponente della NCO e uomo di Cutolo, vicino alla banda della Magliana, poi morto ammazzato il 19 Novembre del 1991 a Roma. Sicilia dichiarò che il mandante dell'omicidio Casillo fu Rosetta Cutolo, sorella di Raffaele, che attribuì a Casillo alcune scorrettezze nei confronti di Raffaele Cutolo e di essersi appropriato di alcuni fondi della NCO. Raffaele Cutolo, che era molto unito a Casillo, smentì tassativamente la partecipazione nell'omicidio dichiarando:

"Signor giudice, io sono in carcere da 26 anni e ultimamente ho preso 10 ergastoli quindi la mia vita deve finire in carcere però non desidero pagare per la morte dell'amico mio più caro. Tutti mi hanno detto che è stato un incidente se poi invece è stato un omicidio dovreste chiedere ad un certo apparato dello stato che gli ha rilasciato la tessera dei servizi segreti per entrare in tutte le carceri italiane benché latitante."

Alle dichiarazioni di un'ipotetica integrità da parte del *O'professore*, però, si sommarono quelle contrastanti di altri collaboratori di giustizia come quella di **Salvatore Federico** sulla struttura della NCO e il doppio gioco suo e di Vincenzo Casillo a discapito di Raffaele Cutolo. Dichiarazioni di Salvatore Federico durante il maxi processo alla NCO del 1985.

"Conobbi Raffaele Cutolo molti anni fa perché soggiorno nel mio paese purtroppo perché mi ha distrutto l'esistenza. Io ero un ragazzo di strada cresciuto in un paese che si chiama Bosco reale vicino Ottaviano e nel 1975 mi vidi obbligato ad entrar a far parte dell'organizzazione nuova camorra organizzata di Raffaele Cutolo perché in quel momento esisteva una pressante egemonia di questa organizzazione che appunto quasi ti obbligava a farne parte. Eri

con loro o contro di loro.

Io ero appoggiato alla zona di Ottaviano e Secondigliano ma maggiormente facevo da scorta armata a Vincenzo Casillo luogotenente di Raffaele Cutolo e a Rosetta Cutolo sorella appunto di Raffaele Cutolo. Ero un uomo di fiducia e quindi accompagnavo entrambi in luoghi dove si richiedeva la presenza di una persona su cui si potesse contare come me. Tra l'altro accompagnavo Rosetta ai colloqui da Raffaele Cutolo quando era detenuto nel carcere di Ascoli Piceno.

Mi sono dissociato dalla NCO nel novembre del 1983 ma già dal 1981 sia io che Vincenzo Casillo avevamo preso contatti con la nuova famiglia dovuto alle angherie che tutti ormai ricevevamo da parte di Raffaele Cutolo che non faceva altro che far alzare di grado determinate persone per poi farle ammazzare.

Su tutto il territorio nazionale il dominio di Cutolo era soffocante non faceva vivere nessuno. Io e Casillo prendemmo contatti con i Zonta, Maresca e Bardellino e questa fu una delle ragioni per cui Vincenzo Casillo venne ammazzato. Enzo Casillo aspirava a togliere l'egemonia a Raffaele Cutolo quindi entrambi facemmo il doppio gioco per un paio d'anni dal 81 a 83 con l'idea di togliere il potere a Raffaele Cutolo ma nel frattempo Vincenzo Casillo venne ammazzato proprio per questa ragione. Vincenzo Casillo riteneva Raffaele Cutolo responsabile della terribile guerra che ci fu tra la

NCO e la nuova famiglia e anche dovuto ai futili motivi quindi voleva farlo scendere dal trono.

Noi praticamente avevamo preso un accordo con la nuova famiglia. Ci facevamo un intercambio di soggetti indesiderati. Noi consegnavamo a loro quelli che volevamo far toglierci d'avanti e loro consegnavano a noi lo stesso quelli che non desideravano più mantenere in vita.

Nel 1983 presi la decisione di dissociarmi da qualsiasi tipo di camorra sia della nuova camorra organizzata che dalla nuova famiglia proprio perché quest'ultima seguiva ormai la stessa strada della NCO di Raffaele Cutolo e quindi io decisi di dissociarmi da tutto perché non ne potevo più, ero ormai arrivato al limite e non ero d'accordo con tutto questo e quindi mi dissociai. Ormai sentivo un rigetto totale per tutto questo e dissi basta!

A casa di Avitabile Nicola progettammo l'omicidio di Ciro Maresca che poi però scaturì nella morte di Ciro Galli. Organizzammo molte cose tra cui anche la morte del dottor Mottola, il criminologo di Valmontone. Enzo Casillo ci portava in una villa antica di Battipaglia dove praticamente alla fine di queste riunioni uscivano le sentenze di morte.

Ricordo perfettamente ancora dove si trova quella villa anche perché ci fu un episodio che marcò il mio ricordo. In una delle nostre riunioni vicino a quella villa si trovava lo sbocco autostradale e una *volta nell'occasione di una nostra riunione, ci fermammo lì per aspettare tutti i capi zona che appunto dovevano transitare da quello sbocco. Vicino a noi si trovava un venditore di cocomeri e all'uscita dalla riunione trovammo due Alfette dei Carabinieri e pensammo che il venditore li aveva avvisati quindi decidemmo di ammazzarlo.*

C'erano pochissime donne affiliate alla NCO però prima e su tutte sicuramente c'era Rosetta Cutolo che è stata mandante di una marea di omicidi. Tutte le altre donne non erano affiliate ma semplicemente aiutavano a volte inconsapevolmente i mariti.

Uno dei più grandi difetti dei cutoliani è stato proprio quello di avere la bocca grande e la lingua lunga. Tutti dovevano assolutamente sempre vantarsi dei crimini commessi d'avanti agli altri e di tutto quello che avevano fatto, dandosi delle arie a discapito dell'organizzazione."

* * *

Tutte queste verità inconfessabili sono anche alla base della morte di **Antonio Ammaturo,** capo della squadra mobile di Napoli. Ammaturo investigò a lungo e per conto proprio le vicende del sequestro Cirillo e, sul punto di concludere le indagini, fu ucciso insieme all'agente di scorta Pasquale Paola il 15 Luglio del 1982. L'omicidio fu rivendicato dalle BR, anche se si sapeva che le sue indagini erano centrate maggiormente sulle attività della NCO, dettaglio che fece perdere abbastanza credibilità all'attentato per movente terroristico. Molti sapevano che Ammaturo era entrato in possesso di sconcertanti verità sul caso Cirillo che avrebbero creato non pochi problemi alla sfera politica. Misteri, ricatti e, come sempre accade in questi casi, non mancò la scomparsa di documenti che sarebbero stati determinanti per l'accertamento della verità, come il fratello di Ammaturo dichiarò:

"Mio fratello lavorò molto sui fatti del rapimento del politico e mi disse che stava per chiudere il cerchio delle indagini. Dopo qualche giorno mi assicurò di aver chiuso il tutto e con la sua naturale voce trionfale, aggiunse: "Ho concluso, sono cose grosse, tremerà Napoli, ho spedito tutto al ministero. Stai attento che ti ho spedito una copia per posta, mi raccomando estrema riservatezza su quanto leggerai.".

Questa lettera io non l'ho mai ricevuta anche se lui, il giorno prima dell'assassinio, per telefono insisteva di averla spedita vari giorni prima. Neanche nelle cose personali che mi consegnarono in questura, dopo la morte, trovai nulla."

Possiamo dire che anche le dichiarazioni del pentito pasquale Galasso confermavano in parte il collegamento delle indagini di Ammaturo sul caso Cirillo e i legami con la nuova camorra organizzata di Raffaele Cutolo:

"la motivazione di quell'omicidio era costituito dal lavoro che l'Ammaturo aveva svolto come capo della squadra mobile di Napoli attraverso perquisizioni che lo avevano portato a trovare non solo significativi documenti dell'organizzazione cutoliana, ma anche carte comprovanti il legame strettosi tra Cutolo ed i politici nel corso del sequestro Cirillo. Inoltre era lo stesso Cutolo che ci faceva sapere che quell'omicidio era espressione del potere che aveva raggiunto."

Ora che Cutolo è morto, l'unico custode dei segreti del sequestro Cirillo potrebbe essere Pasquale Scotti, ex boss della NCO evaso nel 1984, che riuscì a far perdere le sue tracce fino al 2016 quando, finalmente, fu arrestato dopo 30 anni di latitanza in Brasile. Estradato lo stesso anno, all'arrivo in Italia si fece collaboratore di giustizia.
Quanto è stata fondamentale sulla carriera criminale di

Cutolo la presenza degli apparati dello Stato e la volontà di alcuni esponenti della Dc di liberare un loro esponente quando solo tre anni prima erano stati irremovibili o addirittura impassibili nel non trattare per la vita di Aldo Moro? Sono domande che tutti noi dobbiamo porci, perché le carriere dei camorristi e dei mafiosi non si formano solo negli ambienti formalmente criminali.

"POESIE DAL CARCERE"

Una raccolta curata da Gianluigi Esposito

Nel 1980, durante i suoi anni di detenzione, Cutolo scrisse una raccolta di poesie, libro intitolato *"Poesie dal carcere"*. Il Pm Armando Olivares ritenne il libro una sottospecie di propaganda NCO e quindi lo fece mettere sotto sequestro. Da aggiungere che la prefazione dello stesso, anch'essa censurata, fu curata dall'avv. Cangemi, a sua volta condannato nel maxi-processo alla NCO.

"Cutolo non è dubbio, sente tutto intero il fascino e il carisma del caso senza che ciò esprima l'esistenza di una struttura organizzativa ma solo una vocazione, quasi persecutoria, intima, irrefrenabile, a sentirsi protagonista di una storia di riscatto, di rigenerazione, di rivolta che, secondo lui, deve coinvolgere tutto il popolo di Napoli con il quale egli si sente vittima di secolari ingiustizie, oppressioni e soprusi."

Avv. Francesco Cangemi

Prima di passare alla lettura di alcune delle poesie vorrei dare un'opinione personale sulla prefazione dell'ex legale di Cutolo. Le considero parole strategicamente ben usate a fin di protezione propria ma che inconfondibilmente nascondono un chiaro appoggio all'ideale cutoliano, quasi giustificando gli atti orribili commessi dalla camorra a compenso di sconosciute "secolari ingiustizie". Io sono convinto che ognuno di noi decide gran parte del proprio futuro e che, di conseguenza, si assume la responsabilità delle decisioni prese. È vero che ci sono sempre dei fattori esterni che possono far variare in meglio o peggio il percorso di ciascuno ma le decisioni basiche e fondamentali che marcano la differenza sono pur sempre nostre.

Alcune delle poesie sono state dedicate a sua moglie Immacolata, a sua madre e a suo figlio Roberto ma, il 31 Ottobre del 2000, durante la manifestazione organizzata dai frati francescani della basilica di San Lorenzo Maggiore a Napoli, una delle poesie, intitolata "*Supercarcere*", vinse il premio di poesia "*2 nuvole nel cielo*" di Guido Giustiniano. Nel momento in cui la poesia fu presentata a concorso nessuno dei giurati, presieduti da

Liliana De Curtis, figlia del grande Totò, erano a conoscenza dell'autore di quei versi. Si seppe dopo aver preso la decisione di premiarlo, anche perché fu necessaria la presenza della moglie di Cutolo, Immacolata Iacone, per ritirare il premio.

Incuriosito da tale testo ebbi la possibilità di condividere opinioni a riguardo con **Gianluigi Esposito** che curò l'edizione e pubblicazione della raccolta di queste poesie.

Ho potuto leggere e analizzare alcuni dei versi e, in base ai miei criteri di scelta, ho pensato di esporne alcuni significativi in modo che il lettore possa darne una propria interpretazione.

Gianluigi Esposito

L'INFERNO VERDE DELL'ASINARA

Il sole è già alto

ma la notte è dura a morire

in questo inferno verso dell'Asinara.

Un inferno verde,

di un verde che per la gente libera

potrebbe essere un'oasi,

colore, gioia e vita.

3/08/1982

Lentamente.......

Mi sento morire dentro come foglie in autunno.

Foglie gialle, foglie morte.

Presto, dopo l'inferno rigido,

le foglie ritorneranno verdi a rispecchiarsi sul mondo.

Ed anche per me ritornerà, come un tempo,

una calda primavera.

AD UN ANGELO BRUNO

È la dolce Imma,

perennemente in cerca di me ed io di lei.

Inamovibile faro sul mondo.

Sei il mio faro che il buio delle tenebre mai smorzerà.

Inarrestabile piuma nel vento.

Nessuna tempesta mai ti abbatterà.

Unica, eterna donna della mia vita il cui ricordo mai svanirà.

Perché sei pura, sei bella e semplice.

Sei la mia bambina.

Un po' scontrosa, capricciosa ma ti amo anche per questo.

Sei la mia dolce bambina che mi guiderà in un mondo migliore e pulito.

L'UOMO SEGREGATO

Ti hanno tolto tutto, penna e carta.

Ti hanno mozzato la lingua perché non potessi scrivere e parlare.

Hai inciso i pensieri, nella tua anima. Non Hanno potuto togliertela.

Segregato, esiliato e isolato dal potere perverso.

Perché aiutavi gli oppressi, ed aprivi gli occhi alla gente.

Ora devi languire esiliato dal tuo mondo e da tutti.

Con il sangue rosso scriverai il tuo nome.

Ancora una volta sulla pietra ruvida.

A MIA MADRE

Il tempo ha sgranato i giorni sul tuo corpo, mamma.

La clessidra distratta ha sgranato per te solo giorni d'inverno.

Il vento ha piegato le tue ossa. La neve è caduta sui tuoi capelli.

Il gelo ha indurito il tuo cuore. Ora vivi estranea alla vita.

E, come cariatide, forte, aspetti che io ritorni ……..

Mamma, ti prego, perdonami!

POLVERE BIANCA

"Polvere bianca polvere bianca, ti odio!

Sei dolce e sei amara come una donna,

sei pura e sei buio.

Giovani odiatela la polvere bianca, sì!

vi fa volare per poi farvi ritornare nel buio più cupo.

Vola per l'aria limiti di un'anima fatta a pezzi.

Si tocca il fondo

ed i fatti diventano voragini buie…

e poi di colpo i dolori si placano

e il cielo è un'esplosione di luce poi più nulla.

L' indomani solo un trafiletto sui giornali;

ennesimo giovane morto: per droga. Polvere bianca ti odio"

SUPERCARCERE

Cime bianche.

Irreali e lontane, guardano da un cielo bucato di stelle.

Un quadrato di cemento immobile nel verde scuro della campagna.

Pallida è la luna nella luce spettrale dei riflettori.

Uomini armati e silenti marciano sul camminamento del muro di cinta.

Lucciole di sigarette accese tracciano arabeschi rossastri nella notte cupa.

Finestre aperte, vuote come orbite di teschi, osservano i cortili deserti.

Cento scatole grigie

chiudono le vite di uomini stesi sui letti

con i cuori dove non palpita più il sangue.

Nota: questa poesia ha vinto un'edizione del premio di poesia "*2 nuvole nel cielo*" di Guido Giustiniano, nell'Ottobre dell'anno 2000.

Molti sono stati i professionisti che hanno voluto narrare le vicende del professore di Ottaviano, come per esempio l'intervista realizzata da Enzo Biagi a Napoli nell'aula bunker durante un processo dove le parole di Cutolo evidenziavano la sua legge del *"occhio per occhio e chi sbaglia paga"*, ma sicuramente quello che ha marcato la differenza fu il giornalista **Giuseppe Marazzo** detto anche *Joe*. Marazzo fu un giornalista del TG2 nato in Campania nel 1928, che dopo vari anni come inviato passò alla fama per delle inchieste portate a termine sulla camorra. In particolare fu il padre del famoso lavoro editoriale *"Il camorrista"* in cui racconta la vita del boss della NCO Raffaele Cutolo, dal quale prese spunto il regista Giuseppe Tornatore per la realizzazione dell'omonimo film *"Il camorrista"*. Marazzo fu l'unico che si spinse davvero oltre, realizzando un lavoro epico che portò a capire tutta quella ingarbugliata rete che si spandeva dietro la comune apparenza della NCO. Quel libro di Marazzo fece tremare lo stesso Cutolo che richiese legalmente il sequestro del testo sentendosi così minacciato. Il boss non fu l'unico intimorito da quella inchiesta ma anche la Democrazia Cristiana dell'epoca, visto che nelle indagini di Marazzo venivano coinvolti due esponenti di spicco del partito. Anche lo stesso film di Tornatore venne all'inizio pesantemente criticato dall'opinione pubblica che gli attribuiva una sottospecie di "apologia della camorra" e una forma velata di inneggio alla figura di Raffaele Cutolo. Nonostante le spiegazioni del regista che chiariva l'interpretazione che si volle dare al film, lo stesso venne querelato e il film messo sotto sequestro per poi essere dissequestrato nel 1984 e ottenere il grande successo che noi tutti conosciamo. Sfortunatamente Joe non poté godersi tutto il grande successo del suo lavoro perché perse la vita per via di un infarto pochi mesi dopo.

UNA VITA NUOVA

Possiamo considerare al quanto difficile il reinserimento nella società da parte degli ex detenuti e, secondo le statistiche, la maggior parte di loro incombe in recidiva reiterando i delitti. Ho sempre reso molto chiara la mia politica sulla gestione della criminalità e il mio consenso al pugno duro affinché si possa rendere più sicura la nostra società però la stessa dovrebbe dare la possibilità, all'ex detenuto che ha intenzione di rifarsi una vita, di reinserirsi. Ognuno deve avere la sua seconda opportunità e dimostrare le sue buone intenzioni per ricominciare sulla corretta via ma purtroppo questo accade sempre più raramente. Per questa ragione ho voluto incontrare un signore che, invece, fa parte di quella piccola percentuale che è riuscita a reinserirsi e, nel suo caso, è andato anche oltre riuscendo a ricoprire un ruolo ufficiale che aiuta altri che, come lui, hanno dovuto ricominciare.

Lui è Pietro Ioia, garante del detenuto.

Pietro, partiamo dal principio. Raccontaci la tua esperienza.

Sono entrato per la prima volta nel carcere di Poggioreale all'età di 20 anni, era la fine del 1981. Fui arrestato perché gestivo una piccola piazza di spaccio. All'epoca il penitenziario di Poggioreale era senza dubbio il peggiore d'Italia, con una capienza di 1600 detenuti ma ne conteneva 3000.

Quindi eri detenuto nel periodo della NCO di Raffaele Cutolo e proprio nella loro "fortezza". Dacci una visione dei fatti, vista dall'interno.

Era l'epoca della spietata guerra tra la NCO di Raffaele Cutolo e la nuova famiglia. Cutolo era già stato trasferito ma il carcere di Poggioreale, come tanti altri penitenziari, erano in mano ai suoi affiliati. Tutta la provincia di Napoli abbracciava Cutolo, uno dei Boss di camorra più spietati di sempre. Lui era di Ottaviano e quindi copriva anche tutta la provincia. Questa guerra era presente sia fuori che dentro il carcere infatti al registro la polizia penitenziaria, la prima cosa che ti chiedeva era a chi appartenessi, se alla NCO o alla nuova famiglia? A quel punto per la prima volta in vita mia, essendo di Poggioreale, mi dovetti dichiarare della nuova famiglia per evitare di andare a finire in qualche padiglione per me a rischio. I padiglioni erano 12 di cui 7 in mano alla NCO di Cutolo e 5 della nuova famiglia quindi pur di non finire nei padiglioni Cutoliani dovetti dichiararmi della nuova famiglia anche se non ne feci mai parte e fui inserito nel padiglione Salerno. Il carcere di Poggioreale, durante quegli anni era completamente in mano alla camorra. Vidi per la prima volta in vita mia una pistola in carcere, oltre ad altri lussi che nemmeno per strada ci si poteva permettere. Per poter usufruire di alcuni benefici nel gruppo e vivere tranquillo, feci anche da "fodero" cioè custodivo la pistola del boss nella mia cella. Celle che restavano sempre aperte e gestite solo da noi detenuti. Cutolo era un incantatore di serpenti, sapeva come parlare ai detenuti, di fatti la maggior parte dei suoi affiliati furono fatti proprio in carcere. La sua astuzia ed il suo carisma marcavano la differenza e portavano la maggior parte dei carcerati a seguirlo con l'auspicio di poi. Era un amante delle cose difficili che molte volte gli riuscivano e questo non faceva altro che renderlo famigerato ovunque. Secondo me non c'è mai più stato un boss come Raffaele Cutolo. <u>MEGLIO COSI'.</u>

E tu, che tipo di strada hai deciso di percorrere?

Venti anni fa, subito dopo la mia scarcerazione, raggiunsi un vecchio amico che aveva fatto il muratore insieme a me.
Mi disse: "Viena a Modena Pietro!". Credevo di avere una possibilità, poiché durante la mia permanenza in carcere avevo fatto diversi corsi per diventare carpentiere (ottenni anche il diploma).
Insomma, una volta uscito dal carcere, partii da Napoli per raggiungere Modena. Avevo passato 14 anni in carcere e questo mio amico uscì poco prima di me. Comunque sia, andai a fare il colloquio in questa ditta ed il capo rimase molto colpito:
"Pietro, si vede che sei uno in gamba! Vedi di portarmi i documenti che mi servono e vediamo cosa possiamo fare…".
Quando tornai a Modena, portandomi dietro i documenti richiesti, il ragioniere vide che avevo precedenti penali e mi disse che non potevano assumermi. Mi chiusero la porta in faccia!

Una volta preso il treno, che da Modena mi portavano a Napoli, ripensai a quelle due strade che avevo davanti: la legale da un lato, e quella illegale dall'altro.

Io avevo dei contatti in Spagna, addirittura in Colombia, avrei potuto cambiare vita e ricominciare a fare il mio vecchio lavoro, ma…….

Ma hai deciso di restare e quindi di prendere la giusta decisione. perché?

In realtà uno dei motivi principali fu proprio quello che mi impediva di trovare lavoro a causa dei miei precedenti penali. Non immaginavo fosse possibile, credevo che una volta scontata la mia pena sarei riuscito a cambiare vita, ma non fu così semplice.
Decisi di fondare un'associazione dal nome **Ex don** *(detenuti organizzati napoletani) e di stabilire la sede a Poggioreale, luogo in cui abito e dove risiede il carcere più affollato e tremendo d'Italia.*
Inizialmente raggiunsi duecento iscritti, per poi arrivare a superare i mille. L'associazione era formata da ex detenuti, gli stessi con cui scesi in piazza per battermi per i diritti dei condannati. Denunciai addirittura la cella zero, le violenze subite, il regime dittatoriale che si svolgeva all'interno del carcere di Poggioreale. Violenze che avevo subito io in primis!

Mi sono battuto per quindici lunghi anni, fino a quando il comune di Napoli fece la legge per avere il garante comunale in città.
Dopo qualche giorno, una ragazza dei centri sociali (che mi seguiva da tempo), mi contattò e mi disse: "Pietro, ti preparo io l'istanza!"; da quel momento divenne una mia collaboratrice.

Come ricevesti questa notizia?

Inizialmente ero confuso, o forse ero semplicemente stanco: avevo lottato per tanto, forse troppo tempo, e non sapevo se avrei retto.
Passarono trentacinque giorni ed il sindaco mi chiamò per espormi la sua intenzione di nominarmi come garante cittadino. Prima di dare una risposta lessi la delega e ne rimasi colpito, poiché comprendeva: visite nelle carceri (ogni volta che desideravo), colloqui con i detenuti e addirittura l'accesso alle celle di punizione.
Accettai la carica di durata quinquennale.

Come sta andando questo percorso?

A dicembre faccio 2 anni come garante della città di Napoli; sono riuscito a cambiare qualcosa ed aiuto diversi detenuti. Vado a trovarli circa due volte la settimana, vengo trattato come un fratello proprio perché ho vissuto le loro stesse esperienze.

Sono rimasto un vero attivista ed ho vinto due premi per i diritti umani:
uno di Stefano Cucchi e l'altro di Martin Martin Luther King.
Porto sempre tante cose nelle carceri: dentifrici, spazzolini, bagnoschiuma, ho portato addirittura le mascherine ed i disinfettanti, sedie a rotelle, insomma di tutto. Se c'erano problemi, alle volte, chiamavano me perché io conosco bene la "lingua dei carcerati".
Dopo 10/12 anni di attivismo, sono stato scelto come garante. Ho fatto davvero tante lotte per i diritti dei detenuti. Ricordo un episodio in particolare: un detenuto venne picchiato ed io volevo capire cosa fosse accaduto. Scesi in piazza insieme ad altri ex detenuti per protestare; parlai con diversi direttori fino a creare una sorta di canale di comunicazione che potesse comunque aiutare chi, da dietro le sbarre, difficilmente veniva considerato.
Sono uscito dal carcere oltre 20 anni fa, ma voglio precisare che il carcere non ti educa. Cominciamo a dire questo: non sono uscito da lì rieducato. Quando esci dal carcere hai due strade davanti a te: quella legale e quella illegale. Sta a te scegliere.
Non è stato il carcere a rieducarmi, al massimo il merito dovrebbe essere dato alla mia famiglia. Non ho visto i miei figli crescere e ammetto sia stato difficile vederli soltanto durante i colloqui. Posso dire di averli lasciati piccoli e di averli ritrovati grandi.

La famiglia influisce sul comportamento di un uomo, ma è l'uomo che deve fare la scelta. Per il momento cerco di fare del mio meglio per proteggere i detenuti.

Proprio qualche giorno fa ho fatto una raccolta per alcuni detenuti che mi chiedevano soldi: "Pietro non ho nulla, devo dare qualcosa alla mia famiglia". La moglie di uno di loro mi disse che non andava da tempo a trovare suo marito in carcere, perché non aveva soldi. Un'altra aggiunse: "Mi vergogno a guardare mio marito negli occhi e non potergli dare manco 50 euro…".

I soldi sono arrivati dalla Spagna, Portogallo, Francia e addirittura dagli Stati Uniti.

Quando succedeva qualche casino in carcere a Napoli, i giornalisti venivano a cercare a me. Da attivista per i diritti dei detenuti, sono diventato garante per i diritti dei detenuti.

REGIME CARCERARIO - art. 41 bis

L'art. 41 bis, fu introdotto per la prima volta in Italia, nel 1975 durante gli "anni di piombo" affinché si potessero controllare le rivolte carcerarie ma, successivamente alle stragi di Capaci e via d'Amelio nel 1992, fu modificato il regime carcerario adattandolo a reati di mafia e terrorismo con una nuova disposizione in presenza di gravi motivi d'ordine e sicurezza pubblica. Il regime si applica a singoli detenuti ed è volto a ostacolare le comunicazioni degli stessi con le organizzazioni criminali operanti all'esterno, i contatti tra appartenenti alla stessa organizzazione criminale all'interno del carcere e i contatti tra gli appartenenti a diverse organizzazioni criminali.

Questo regime carcerario prevede che:

1 - Il detenuto sia situato in una camera di pernottamento singola e non abbia accesso a spazi comuni del carcere.

2 - L'ora d'aria sia limitata e avvenga anch'essa in isolamento.

3 - Il detenuto è costantemente sorvegliato da un reparto speciale del corpo di polizia penitenziaria (GOM).

4 - I colloqui con i familiari sono limitati ad uno al mese, della durata di un'ora e il contatto fisico è impedito da un vetro divisorio.

5 - È previsto il controllo della posta in uscita e in entrata e la limitazione degli oggetti che possono essere tenuti all'interno del carcere e anche degli oggetti che possono essere ricevuti dall'esterno.

Attualmente l'art. 41 bis potrebbe essere applicabile nelle categorie criminali di, Associazione a delinquere, associazione a delinquere di stampo mafioso, terrorismo, violenza sessuale di gruppo, sfruttamento della prostituzione minorile.

Quel vento giustizialista che si smosse l'indomani delle stragi di Falcone a Borsellino non si è affievolito con il tempo, bensì si è addirittura accentuato poiché, già nel lontano 1992, il legislatore si rese conto della natura incostituzionale di quella norma ma fu socialmente spinto ad applicarla perché era un momento di grandissima crisi determinato dalla violenza delle mafie che sfociò in uno spargimento di sangue senza precedenti. Nonostante la consapevolezza della natura impropria della restrizione, fu stabilito che quel regime avesse una durata temporanea non superiore ai tre mesi. Da quel momento, però, fu prorogato di volta in volta e nel 2002 entrò definitivamente nel nostro ordinamento. Se ci dovessimo porre la fatidica domanda sull'efficacia di questo provvedimento, penso che la risposta debba essere certamente sì, sempre se serva a sottoporre soggetti che hanno imputazioni di mafia con ruoli verticistici e che vengano messi in regimi di sostanziale totale isolamento a tal modo da produrre certamente dei risultati sia nell'arginare il fenomeno mafioso sia nell'indurre alcune di queste persone alla collaborazione con la giustizia. Dove però si vede la controindicazione è forse nell'abuso del art. 41 bis che si è esteso ad altri delitti e che in molti casi è stato protratto nel tempo anche dove non si considerava opportuna tale restrizione, esattamente come nel caso di Cutolo. Qui ci addentriamo in un altro tema che ha sollevato molte polemiche, ossia l'uso sproporzionato dell'art. 41 bis che ha indotto alcune categorie a riferirsi alla tortura, poiché la stessa è definita dall'ONU come *"qualunque violenza fisica o morale che venga praticata a una persona per indurla a rendere informazioni"* e se riflettiamo in modo asettico è esattamente quello che accade con questo tipo di regime.

Un soggetto sottoposto a misura cautelare in carcere, imputato di reato grave, lo si priva sostanzialmente di moltissimi elementari diritti, cercando di scatenare in lui, come nelle persone più fragili, le quali non tollerano tali restrizioni derivanti da quel particolare regime, una reazione che possa indurlo alla collaborazione con la giustizia. Quindi mi verrebbe da dire che il 41 bis ha sicuramente aiutato ma qualche volta invece ha prodotto dei danni anche importanti perché la persona a cui si applicava non era la appropriata.

Lo scopo del 41 bis dovrebbe essere quello di impedire a soggetti al vertice di un'associazione mafiosa di veicolare all'esterno di propri comandi. Quindi questa finalità di ordine pubblico è sicuramente necessaria e mi vede favorevole ma solo in determinati casi estremi. Quindi non attribuisco il problema principale all'art. 41 bis bensì alla forma non appropriata che alcuni legislatori hanno deciso di applicarlo, quindi, da osservatore diretto, non posso sposarne l'esistenza per come praticato.

Conclusioni

Ebbe 14 ergastoli e scontò 57 anni di carcere, come lui mai nessuno. L'energia e carisma dell'ormai vecchio boss appartiene chiaramente al passato e ha dato spazio alla sola voglia di finire i pochi giorni che gli rimangono da vivere a casa con i suoi cari, privilegio non concessogli perché probabilmente la sua immagine faceva ancora temere il peggio.

Fonte: corriere.it

Secondo le sue ultime e chiarissime dichiarazioni:

"Ho fatto tanto per il mio prossimo, ho sempre regalato un sorriso a chi ne aveva bisogno. So di non essere stato uno stinco di santo. Ho fatto piangere chi voleva farmi piangere, ho fatto del male a chi voleva farmi del male. I miei segreti fanno ancora tremare tutti, sanno che se parlo cade lo stato. Chi è al comando oggi è stato messo lì da chi veniva a pregarmi. Mi hanno usato e gonfiato il petto, dal caso Cirillo a Moro che, a differenza del primo, hanno voluto morto e infatti mi ordinarono di non intervenire pur sapendo dove si trovasse però dico sinceramente che sarei stato davvero orgoglioso di aver potuto salvare la vita di Aldo Moro e non essere sottoposto per tanti anni a torture psicologiche per aver invece salvato Ciro Cirillo. Poi hanno deciso di tumularmi vivo. Allo stato servo così. Pensano sia ancora legato alla camorra. Ma quale camorra? Pagina chiusa dal 1983 quando ho sposato Tina. Pago e pagherò fino alla fine ma non sono certamente un pericolo. Sarei pericoloso se parlassi, ma non ce l'hanno fatta a farmi diventare un jukebox a gettone. Ho smesso di essere personaggio ormai già da tanti anni. L'idea della dimenticanza non mi dispiace, vorrei solo che questo avvenisse nel rispetto della dignità di un uomo. Mi sono pentito d'avanti a Dio ma non d'avanti agli uomini. Non ho imperi, non esistono più i cutoliani. Cutolo è morto. Mi è talmente entrata sotto pelle questa condizione di defunto in vita che ormai non mi va nemmeno più che la gente mi veda. Salto anche l'ora

d'aria. Se per respirare 1 ora devo farmi perquisire e sottopormi a controlli umilianti, allora preferisco stare in cella. Ho una telecamera putata sul gabinetto e non posso avere in cella più di 3 paia di calzini e mutande. Non vedo nessuno e nessuno mi vede tranne mia moglie e mia figlia per 1 ora ogni 2 mesi perché non hanno soldi per salire una volta al mese. Per dignità non mi sono mai venduto ai magistrati e sembra che se la sono legata al dito e hanno buttato la chiave."

Il 30 luglio 2020 fu trasferito dal carcere di Parma in ospedale per un aggravarsi delle condizioni di salute dovuto a problemi respiratori. Secondo la famiglia, durante gli ultimi mesi, aveva perso del tutto la lucidità e a confermare questo ci fu una testimonianza della moglie che il 22 Giugno si recò in carcere per visitarlo senza essere nemmeno riconosciuta da lui.

Tutti i percorsi della vita di Cutolo sono rimasti incerti, incluso le cause della sua morte, che però possiamo finalmente attribuire a una polmonite bilaterale, molto probabilmente causata dal Covid-19, che gli provocò una setticemia del cavo orale, portandolo alla morte il 17 febbraio 2021.

Cutolo era confinato al regime del 41 bis da 42 anni e da circa 10 le sue condizioni di salute erano diventate al quanto precarie per via di una malattia, ma la "giustizia" con lui fu implacabile, esattamente come lo fu lui con le sue vittime. Nonostante le battaglie legali sostenute da parte della famiglia, portate a termine dal suo legale l'avv. Gaetano Aufiero, le innumerevoli istanze presentate per far decadere per lo meno il carcere duro e quindi la concessione degli arresti domiciliari, non furono nemmeno prese in considerazione.

I giudici, mostrando una chiara disapprovazione, dichiararono:

«*Non appare ricorrere con probabilità il rischio di contagio da Covid-19. Nonostante l'età e la perdurante detenzione rappresenta un "simbolo" per tutti quei gruppi criminali che continuano a richiamarsi al suo nome, rafforzare i gruppi criminali che si rifanno tuttora alla NCO gruppi rispetto ai quali Cutolo ha mantenuto pienamente il carisma. In tanti anni di detenzione non ha mai mostrato alcun segno di distacco dalle sue scelte criminali*».

Possiamo interpretare questa dichiarazione dei magistrati come una chiara forma di inflessibilità nei confronti del detenuto. Personalmente sono più che favorevole al pugno duro ma sempre da applicare con criterio e nei casi che ce ne sia la chiara necessità. In questo caso considero più che giuste le misure cautelari imposte anche se avrei tenuto senza dubbio in considerazione le attenuanti di salute del detenuto affinché si potesse valutare la sua incompatibilità con il regime 41 Bis.

Raffaele Cutolo ha fatto parte a pieno titolo di un capitolo nero (o direi meglio rosso sangue) della storia italiana, cioè del rapporto di alcuni rappresentanti delle istituzioni e ambienti politici con i boss delle maggiori organizzazioni criminali. La sua salma fu finalmente tumulata dopo quattro giorni dal decesso nel cimitero di Ottaviano e con la sua morte si è chiuso un capitolo dove la camorra ha sempre giocato, purtroppo, un ruolo da protagonista, aprendo allo stesso tempo un dibattito su una, a quanto sembra, "violazione al diritto di degna sepoltura" denunciata da parte della moglie alla procura presso il tribunale di Parma. Su un articolo di francesco Lupini viene riportato che il legale di Cutolo, Avv.

Gaetano Aufiero, fa riferimento ai criteri assunti dal pm. Ignazio Vallario, per consentire alla moglie e alla figlia tredicenne di Cutolo di porgere l'estremo saluto al congiunto. Infatti Autiero precisa:

"Il magistrato ha disposto il divieto di avvicinarsi alla salma e negato che sul feretro venisse posto anche un fiore o un'immagine sacra. La visita è durata soltanto 5 minuti e alla presenza di numerosi operatori delle forze dell'ordine. La stessa procura stabilirà se tutto questo è stato legittimo e non configuri reato. Duecento uomini circa delle forze dell'ordine impegnati per un tragitto di 700 km. Il tutto per scortare il feretro di un uomo. La sepoltura, invece, è durata pochissimi minuti alla presenza di una decina di familiari. Il sacerdote incaricato per officiare la breve cerimonia è stato prelevato dalla sua abitazione pochi minuti prima dell'arrivo del feretro al cimitero di Ottaviano."

Non nego che sinceramente vedo anche io al quanto inappropriato questo tipo di trattamento per qualsiasi essere umano, a prescindere dalle sue colpe, senza considerare l'uso disomogeneo dei fondi dei contribuenti organizzando un dispositivo di innumerevoli membri delle forze dell'ordine che in quel momento potevano senza dubbio essere più utili sul territorio italiano, piuttosto che a scortare una salma di un 79enne ergastolano che aveva passato gli ultimi 57 anni in carcere. La morte di Cutolo ha aperto a sua volta un secondo dibattito tra politica e istituzioni sulla inutilità del regime 41 bis nei casi di soggetti reclusi con patologie terminali e privi dei requisiti di pericolosità sociale e/o pericolo di fuga.

* * *

Questo testo è stato realizzato affinché possano, specialmente i giovani d'oggi, prendere coscienza di cosa comporta intreprendere la strada della malavita ed arrivare poi ad esserne completamente inzuppati fino alle ossa a tal punto da non poterne piú venir fuori. Impariamo dalle decisioni erronee altrui e facciamoci forti delle loro nefaste esperienze per migliorare le nostre proprie vite. Abbiamo la necesitá di giovani inteligenti, colti e volenterosi che aiutino a formare il futuro della nostra societá. Solo cosí possiamo progredire e non regredire. Tutte le mafie sono come un cancro, e come tale devono essere combattute e sdradigate dal nostro terreno societario affinché le barbaritá che si vedono quotidianamente diventino solo un brutto ricordo. Per far questo c'é il perentorio bisogno che ognuno di noi faccia la sua parte nel limite delle sue possibilitá. Il menefreghismo e l'omertá fará solo crescere i loro interessi ed affondare i nostri. Potrei esser percepito come un sognatore ma sognare è gratis e continueró a svolgere la funzione propria del guerriero che credo essere con il sogno di una vita migliore per tutti.

Vorrei ringraziare per la loro disponibilitá

Prof. Carmine Cimmino

Gianluigi Esposito

Pietro Ioia

Tutte le fonti citate

Printed in Great Britain
by Amazon